복음으로 살다

복음으로 살다

발행 2019년 5월 13일

지은이 고명진
발행인 윤상문
디자인 표소영, 박진경
발행처 킹덤북스
등록 제2009-29호(2009년 10월 19일)
주소 경기도 용인시 기흥구 동백동 622-2
문의 전화 031-275-0196 팩스 031-275-0296

ISBN 979-11-5886-167-4 (03230)

Copyright ⓒ 2019 고명진
이 책은 저작권법에 따라 보호받는 저작물이므로 무단전재와 복제를 금지하며,
이 책의 내용의 전부 또는 일부를 이용하려면 반드시 저작권자와 킹덤북스의
서면 동의를 받아야 합니다.

※ 잘못된 책은 구입하신 곳에서 교환하여 드립니다.
※ 책 가격은 표지 뒷면에 있습니다.

킹덤북스 Kingdom Books
킹덤북스(Kingdom Books)는 문서사역을 통해 하나님의 나라를 확장하고,
한국 교회와 세계 교회를 섬기고자 설립된 출판사입니다.

복음이란 무엇인가?

복음으로 살다

고명진 지음

킹덤북스
Kingdom Books

목차

PROLOGUE   6

· 1부 ·
복음, 삶에 살다   11

chapter 01   죽음을 이기는 삶   13
chapter 02   소망이 있는 삶   35
chapter 03   소명이 있는 삶   55
chapter 04   풍성한 생명이 있는 삶   73

· 2부 ·
복음, 인생에 살다   91

chapter 05   마지막을 준비하는 인생   93
chapter 06   하나님의 음성에 귀 기울이는 인생   113
chapter 07   광야에서도 승리하는 인생   127
chapter 08   에벤에셀의 기념비를 세우는 인생   141

3부
복음, 공동체에 살다　　　　　　　　　　　161

chapter 09　초대 교회와 같은 공동체　　　　　　163
chapter 10　삶으로 가르치는 공동체　　　　　　　187
chapter 11　화목으로 회복되는 공동체　　　　　　207
chapter 12　사랑으로 채워가는 공동체　　　　　　225

4부
복음, 세상에 살다　　　　　　　　　　　　245

chapter 13　때를 분변하며 사는 세상　　　　　　　247
chapter 14　성경으로 가르치며 사는 세상　　　　　263
chapter 15　하나님의 영광을 위해 사는 세상　　　281
chapter 16　받기보다 주며 사는 세상　　　　　　　299

PROLOGUE

복음 '유앙겔리온(ευαγγέλιον)'이 무엇입니까? 'Good News' 복된 소식, 복된 소리입니다.

본래 '유앙겔리온'은 로마 황제의 즉위식 또는 황제가 지역에 방문할 때 치리하는 백성들에게 도로포장, 의복, 고기와 같은 선물을 하사하였는데, 황제가 방문한다는 소식은 로마 백성들에게 기쁜 소식, 좋은 소식 바로 'Good News'였습니다.

한국 교회에 여전히 만연되어 있는 소위 기복 신앙은 로마 백성들이 외쳤던 복음과 다를 것이 없습니다. 가난한 자가 부유케 되고, 병든 자가 건강하게 되고, 시험을 준비하던 자가 합격을 하고, 사업에 실패하던 자가 성공해야 복음이라고 외칩니다.

그러나 이것은 진정한 복음이 아닙니다. 예수 그리스도의 십자가의 대속적 죽음과 예수께서 성경대로 3일만에 부활하셨다는 내용이 바로 복음입니다. 진정한 복음은 '예수 그리스도의 복음' 곧 예수를 믿음으로 하나님의 자녀가 되고, 하나님의 상속자가 되고, 천국 시민이 되는 것입니다. 복음은 믿는 자들에게만 그 효능이 나타납니다. 복음의 능력은 온 세상 모든 사람들을 구원할 수 있으나, 복음의 효능은 오직 믿는 사람들에게만 나타납니다.

1925년 세계 2차 대전이 끝난 후에도 종전 소식을 듣지 못하여 29년 동안 필리핀 루방섬 정글에 은신해 짐승처럼 살던 사람이 있었습니다. 일본군 중위 오노다 히루씨입니다. 그는 일본군 장교로 22세 때 필리핀에 파견되어 29년이 지난 1974년 그의 나이 52세 때 발견되었습니다. 그는 전쟁이 끝났고 일본이 경제적 대국이 되었다는 사실을 알지 못했기 때문에 그의 나이 52세가 되기까지 깊은 동굴에 숨어 불행한 삶을 살아야 했습니다.

이 얼마나 비극입니까? 그러나 이보다 더한 비극이 있습니다. 죄와 사망에서 자유하게 하는 복음을 알지 못하여 영원한 죽음을 향하여 가는 비극과, 복음을 접하였지만 무엇이 진정한 복음인지 알지 못하는 비극입니다.

우리 인생의 비극을 해결할 수 있는 길은 오직 예수 그리스도의 복음 외에는 아무 것도 없습니다. 희망이 없다고 외치는 인생 속에 오직 복음만이 희망을 줄 수 있습니다. 진정한 복음이 있기에 녹록지 않은 우리 인생을 거뜬히 살아낼 수 있습니다.

'복음으로 살다'는 지난 40여 년의 목회 여정 속에서 복음이란 무엇이며, 어떻게 하면 '조금 더' 그리스도인답게 살 수 있을까 고민해 온 저의 흔적입니다. 또한 치열한 삶의 현장에서 복음대로 살기 위해 애쓰는 하나님의 사람들을 위로하고 격려하려는 저의 마음입니다.

각 챕터마다 질문을 만들어 함께 나누도록 준비했습니다. 소그룹이나 목장 모임, 성경 공부를 통해 함께 사용한다면 순간순간 성령님의 세밀한 만지심을 경험하실 것입니다.

마지막으로 40년 가까이 오직 복음만을 붙들고 인생의 여정을 함께하고 있는 사랑하는 아내와 중앙교회 성도들에게 감사의 마음을 전합니다.

계절의 여왕 5월처럼, 우리의 신앙도 싱그럽고 아름답기를….

예닮소원 고명진

1부

복음,
삶에 살다

chapter 01

죽음을
이기는 삶

"내가 복음을 부끄러워하지 아니하노니 이 복음은 모든 믿는 자에게 구원을 주시는 하나님의 능력이 됨이라 먼저는 유대인에게요 그리고 헬라인에게로다 복음에는 하나님의 의가 나타나서 믿음으로 믿음에 이르게 하나니 기록된 바 오직 의인은 믿음으로 말미암아 살리라 함과 같으니라" (로마서 1:16-17)

죽음을 이기는 삶

　세상에 복음이 필요하지 않은 사람은 없습니다. 한자어로 복음은 '福(복 복)'에 '音(소리 음)'입니다. 즉 복된 소식, 기쁜 소식입니다. 세상 모든 사람은 저마다 복음을 기다리며 살고 있습니다.

　가난한 사람은 부자가 되는 복음을 기다리고, 수험생은 합격의 복음을 기다립니다. 질병으로 고통당하는 사람은 치유의 복음을, 사업가는 사업 대박의 복음을, 청혼을 한 남자는 혼인 승낙의 복음을 기다립니다. 답답한 인생을 살아가는 사람들은 인생 역전의 복음을 애타게 기다립니다.

　이렇듯 사람들은 모두 상대적인 복음을 추구하며 살고 있습니다. 하나님을 알지 못하는 이들도 자신이 안고 있는 문제를 해결해 줄 수 있는 복된 소리, 기쁜 소식을 듣고 싶어 한다는 것을 부인할 사람은 없을 것입니다. 우리 모두는 복음을 원합니다. 듣고자 합니다. 기다립니다. 그것의 성취를 위해 애쓰고 노력합니다.

그러나 중요한 것은 과연 기다리는 그 복음이 참된 것이냐, 그렇지 않은 것이냐 하는 것입니다. 참된 복음이 있는가 하면 헛된 복음도 있습니다. 참된 복음은 인생의 근본적인 문제에 대한 해결책을 제시합니다. 그러나 헛된 복음은 잠시 마른 목을 축여줄 뿐 영혼의 깊은 갈망을 해결해 주지는 못합니다. 저마다 복음이라고 생각하며 살지만 그것을 얻어도 진정한 만족은 얻지 못한다는 것입니다.

> "원하던 것을 나는 다 얻었다. 누리고 싶은 낙은 무엇이든 삼가지 않았다. 나는 하는 일마다 다 자랑스러웠다. 이것은 내가 수고하여 얻은 나의 몫인 셈이었다. 그러나 내 손으로 성취한 모든 일과 이루려고 애쓴 나의 수고를 돌이켜보니, 참으로 세상 모든 것이 헛되고, 바람을 잡으려는 것과 같고, 아무런 보람도 없는 것이었다."
>
> (전도서 2:10-11, 새번역)

인간의 본질적인 질문

『왜 예수인가』라는 책에서 저자 조정민 목사님은 모든 인간이 세 가지의 본질적인 질문을 안고 인생을 살아간다고 했습니다. "나는 누구인가? 나는 왜 사는가? 나는 죽으면 어디로 가는가?"

수많은 사람들이 이 질문에 답을 했습니다. 또 수많은 종교들이 저마다 그 답을 가지고 있다고 말합니다. 그러나 어느 하나도 답답한 마음을 시원하게 해주는 대답을 하지 못했습니다. 그 어떤 사상과 종교에서도 마음의 공허를 채워주는 명확한 답을 발견할 수 없습니다. 사람의 지혜에는 한계가 있기 때문입니다.

세상 모든 종교는 인간이 신에게까지 거슬러 올라가야 한다고 가르칩니다. 인간이 수행과 고행을 통해 신의 영역에 속한 진리를 깨달아 알아야 한다고 말합니다. 그러나 기독교는 그렇지 않습니다. 기독교는 신이 인간을 찾아오셨으며, 하늘에 속한 진리를 계시해 주셨다고 가르칩니다.

그래서 기독교는 종교가 아닙니다. 기독교는 계시입니다. 인간이 깨달아 아는 것이 아니라 하나님께서 가르쳐 주시는 것을 믿는 것입니다. 하나님은 성경을 통해 그분이 어떤 분이신지 가르쳐 주셨습니다. 뿐만 아니라 온 우주 만물의 첫 시작과 역사에 대해, 인간의 인생에 대해, 이 땅의 종말에 대해 알려 주셨습니다.

하나님은 성경을 통해 우리들에게 필요한 복음, 우리가 알아야 하는 복된 소식, 우리가 기다려야 할 기쁜 소식이 무엇인지를 아주 명확하게 가르쳐 주셨습니다. 우리는 성경을 통해서만 인생에 있어서 본질적인 질문인 자신의 존재와 삶의 이유, 죽음의 의미에 대해 분명한 답을 얻을 수 있습니다.

죽음은 만인의 공도

'단지 15분뿐!'이라는 제목의 연극이 있습니다. 생명이 15분밖에 남지 않은 젊은이의 이야기를 담은 연극입니다.

장래가 촉망되는 한 젊은이가 있었습니다. 그는 20대의 젊은 나이에 박사과정을 마쳤고, 그의 논문은 심사위원들의 격찬을 받았습니다. 그는 학위를 받을 날만을 기다렸습니다. 그 누구도 그의 성공을 의심하지 않았고 본인도 자신의 인생에 대해 자신만만해 했습니다. 장밋빛 인생이 펼쳐질 거라 기대했습니다.

그러던 어느 날 갑자기 그는 가슴에 심한 통증을 느끼며 쓰러지고 맙니다. 병원으로 실려가 정밀검사를 받은 결과 폐암 말기라는 선고를 받게 됩니다. 그리고 의사는 그에게 이제 남은 시간은 단 15분뿐이라는 청천벽력 같은 말을 건넸습니다. 의학적으로 사형 선고가 떨어진 것입니다.

그는 침상에 누운 채 꺼져가는 생명의 마지막 15분을 보냅니다. 금방 5분이 지나가고 남은 시간은 10분으로 줄어들었습니다. 그때 청년이 누워있던 병실에 한 통의 전보가 날아들었습니다. 억만장자인 삼촌이 자신의 모든 유산을 그 조카에게 남긴다는 유서였습니다. 거기엔 빨리 와서 재산을 상속할 절차를 밟으라는 내용이 기록되어 있었습니다. 그러나 죽음을 눈앞에 둔 청년에게 그 상속은 아무런 의미가 없었습니다.

죽음까지의 시간은 다시 8분으로 줄어들었습니다. 그때 또 한 통의 전보가 도착했습니다. 청년이 쓴 학위 논문이 학교의 개교 이래 가장 훌륭하고 탁월한 논문으로 평가되어 최우수논문상 수상자로 선정되었다는 내용의 전보였습니다. 그러나 그 축하 전보도 청년에게는 털끝만큼의 위로가 되지 못했습니다.

이제 남은 시간은 3분, 그때 또 한 통의 전보가 날아왔습니다. 그토록 애타게 기다리고 기다리던 연인으로부터의 결혼 승낙 소식이었습니다. 세 통의 전보 모두 나름 큰 의미를 가지고 있었지만 청년에게는 아무런 도움을 주지 못했습니다. 청년은 그저 전보를 손에 쥔 채로 죽어갔습니다. 그리고 그렇게 연극의 막이 내렸습니다. 그 무엇도, 그 누구도 운명의 15분을 멈추게 할 수는 없었습니다.

모든 인류에게 가장 큰 문제는 죽음입니다. 죽음은 만인의 공도입니다. 영웅도 위인도 호걸도 열사도 결코 죽음을 피할 수 없습니다. 미인도 쾌남도 부자도 빈자도 상관없이 모든 인생은 죽음의 문제를 짊어진 채 살아갑니다.

성경에 기록된 죽음이라는 단어는 헬라어로 '타나토스(θάνατος)'입니다. '죽다'라는 뜻의 '타노'에서 유래된 단어인데, '분리'라는 의미를 가지고 있습니다.

창세기 3장에 보면 하나님께서 에덴 동산 중앙에 선악을 알게 하는 나무를 만드시고 아담과 하와에게 '너희가 이 과실을 먹는 날에는 정녕 죽으리라'라고 말씀하셨습니다. 그런데 아담과 하와가 하나님의 말씀을 듣지 않고 그 나무의 열매를 취하게 됩니다. 그런데 바로 죽지 않았습니다. 대신 그들은 에덴 동산에서 쫓겨나게 됩니다. 하나님과 분리된 것입니다. 바로 그것이 죽음의 의미입니다.

그런가 하면 두 번째 죽음이 있습니다. 우리가 상식적으로 알고 있는 죽음입니다. 흙으로 만들어진 육신과 하나님께서 불어넣으신 영혼이 분리되는 것, 물질적인 부분과 비물질적인 부분이 분리되는 것을 말합니다. 아담은 930년을 향유하고 죽었습니다. 그와 같이 아담 이후의 모든 사람들은 죄 가운데 출생하여 일정한 시간이 지나고 나면 육체와 영혼이 분리되는 두 번째 죽음을 맞게 됩니다.

그런데 성경은 또 다른 세 번째 죽음이 있다고 말씀합니다. 마지막 심판의 날에 하나님의 심판대 앞에서 모든 사람이 심판을 받게 되는데, 그때 예수 그리스도를 믿은 자들은 천국으로 가고, 예수 그리스도 없이 산 사람들은 영원한 지옥으로 가게 된다고 말씀합니다. 천국에서 분리되어 지옥에 떨어지게 되는 것, 그것이 바로 세 번째 죽음입니다.

무엇이 죄인가?

"죄의 삯은 사망이요…" (로마서 6:23)

성경은 사망이 죄의 대가라고 말씀합니다. 아담의 범죄로 말미암아 죽음이 이 땅에 오게 된 것입니다. 죄로 말미암아 죽음이 왔다는 것입니다.

성경에 기록된 '죄'라는 단어의 헬라어는 '하마르티아(ἁμαρτία)'입니다. 이 단어는 '과녁을 빗나가다, 벗어나다, 탈선하다'라는 의미를 가지고 있습니다. 과녁을 향해 정확히 날아가야 하는 화살이 빗나간 것을 말하니다. 정상적으로 걸어가야 하는 그 길에서 벗어난 것을 의미합니다. 그것이 '죄'라는 단어의 의미입니다.

하나님의 창조 목적에서 벗어난 채 사는 것이 죄입니다. 마땅히 가야 할 길을 벗어나 버리는 것, 살아야 할 삶에서 멀어지는 것이 죄입니다. 죄라는 단어를 한자로 보면 '罪'입니다. '넉 四'에 '아닐 非'자가 더해진 글자입니다. 4가지 아닌 것이 죄라는 것입니다.

첫 번째로, '불법(不法)'이 죄입니다.

> "죄를 짓는 자마다 불법을 행하니 죄는 불법이라" (요한일서 3:4)

법을 어기는 것이 죄입니다. 법이 무엇입니까? 율법입니다. 하나님께서 주신 율법을 다 지키면 구원받지만 하나라도 어기면 죄가 됩니다. 그런데 성경은 율법을 완벽하게 지킬 수 있는 사람은 아무도 없다고 말씀합니다. 아흔아홉 가지를 잘 지켰어도 한 가지를 어기면 모든 것이 수포로 돌아가기 때문입니다. 율법을 지킴으로 구원받을 수 있는 사람은 아무도 없습니다.

두 번째로, '불의(不義)'가 죄입니다.

> "모든 불의가 죄로되 사망에 이르지 아니하는 죄도 있도다" (요한일서 5:17)

불의가 무엇입니까? 의롭지 못한 것입니다. 성경은 죄를 짓지 않는 것을 넘어 의롭게 살아가지 못한다면 그것이 죄라고 말합니다. 하나님께서 원하시는 의로움의 수준까지 이르지 못한다면 그는 영락없이 죄인일 수밖에 없다는 것입니다. 누가 과연 하나님이 요구하시는 '의'의 수준에 이를 수 있을까요? 아무도 없습니다.

'의(義)'라는 글자를 한자로 보면 '양 羊'이라는 글자 밑에 '나 我'라는 글자가 들어가 있습니다. '양 밑에 내가 있는 것'이 '의'라는 것입니다. 한자에 복음이 담겨 있습니다. 어린 양 예수로 말미암지 않고는 어느 누구도 의인이 될 수 없다는 의미를 '의(義)'라는 한자가 담고 있는 것입니다.

세 번째로, '불선(不善)'이 죄입니다.

> "그러므로 사람이 선을 행할 줄 알고도 행하지 아니하면 죄니라" (야고보서 4:17)

세상에서는 선한 일을 하지 않는 것을 죄라고 규정하지는 않습니다. 그러나 성경은 선을 행해야 하는 상황을 외면한다면 그것은 죄라고 말씀합니다. 길을 갈 때 도움이 필요한 어르신이나 장애인을 모른 척 지나가고, 주변에 어려운 상황에 처한 이웃이 있는데 외면하고 돌보지 않는다면 죄를 짓는 것입니다.

여러분의 하루를 한 번 생각해 보십시오. 얼마만큼의 선행을 하며 살고 있습니까? 선을 행치 않는 삶을 산다면 죄를 짓고 사는 것과 별반 다르지 않다는 것을 명심해야 합니다.

네 번째로, '불신(不信)'이 죄입니다.

> "죄에 대하여라 함은 그들이 나를 믿지 아니함이요" (요한복음 16:9)

예수님을 믿지 않는 것이 죄라는 것입니다. 아무리 착하게 살고, 선행을 많이 하고, 국가와 사회에 유익한 영향을 끼쳤다고 하여도 예수님을 믿지 않으면 죄입니다. 결정적으로 천국과 지옥을 가르는 기준이 여기에 있습니다. 얼마나 착하게 살았느냐, 얼마나 열심히 살았느냐, 얼마나 나누며 살았느냐로 천국에 가는 것이 아닙니다. 천국과 지옥은 예수님을 믿었느냐 믿지 않았느냐로 결정되는 것입니다.

불법, 불의, 불선, 불신 모두가 죄입니다. 과연 우리 중에 여기에 걸리지 않는 사람이 있을까요? 그래서 성경은 모든 사람을 죄인이라고 규정합니다.

> "모든 사람이 죄를 범하였으매 하나님의 영광에 이르지 못하더니" (로마서 3:23)

사과를 맺어서 사과나무입니까, 사과나무이기 때문에 사과 열매를 맺지 않습니까? 그렇습니다. 사과나무이기 때문에 사과를 열매로 맺는 것입니다. 마찬가지로 죄를 지어서 죄인이 되는 것이 아니라, 죄인이기에 죄를 짓는 것입니다. 그것이 바로 성경이 말하는 인간의 상태입니다.

죄를 지어서 죄인이 된 사람은 첫 사람 아담과 하와밖에 없습니다. 그들은 죄를 지어서 죄인이 되었습니다. 그러나 아담 이후에 태어난 모든 사람은 죄 가운데 잉태하여 죄 가운데 태어납니다. 평생 죄인으로 불법, 불의, 불선, 불신의 열매를 맺으며 살 수밖에 없습니다.

세상이 규정해 놓은 죄의 기준으로 판단하지 말고, 성경이 규정하는 죄의 기준으로 판단해야 합니다. 세상 법정에서는 죄인이라는 선고를 받지 않을 수 있지만, 하나님의 법정에서는 피해갈 수 없습니다. 우리 모두는 평생을 죄인으로 살다가 하나님의 심판대 앞에서 영원한 형벌을 받아 지옥에 떨어질 수밖에 없는 운명이었습니다.

무엇이 복음인가?

그 영원한 죽음에서 벗어나려면 '죄'의 문제를 해결해야 합니다. 하나님 앞에서 죄인이라는 선고를 받게 하는 바로 그 '죄'를 없앨 수 있다면 지옥의 형벌에서도 벗어날 수 있습니다.

성경은 어떻게 하면 우리가 죄의 문제를 해결할 수 있는지, 바로 그 놀라운 해답을 가르쳐 줍니다. 무엇과도 바꿀 수 없는 기쁜 소식, 세상 모든 사람이 마땅히 기다려야 할 복음을 전해줍니다.

"내가 복음을 부끄러워하지 아니하노니 이 복음은 모든 믿는 자에게 구원을 주시는 하나님의 능력이 됨이라 먼저는 유대인에게요 그리고 헬라인에게로다 복음에는 하나님의 의가 나타나서 믿음으로 믿음에 이르게 하나니 기록된 바 오직 의인은 믿음으로 말미암아 살리라 함과 같으니라" (로마서 1:16-17)

복음은 믿는 사람이면 누구에게나 구원을 가져다주는 하나님의 능력이라고 말씀합니다. 모두에게 동일하게 적용됩니다. 어느 누구나 믿음으로 인하여 구원을 얻을 수 있습니다. 믿음으로 하나님과의 바른 관계를 회복할 수 있다는 것입니다. 믿음이 죄를 없애는 유일한 방법입니다.

바울은 복음을 부끄러워하지 않는다고 말합니다. '부끄러워하다'는 헬라어로 '에파이스퀴노마이(ἐπαισχύνομαι)'인데, 부끄러워한다는 의미도 있지만 '불쾌해하다'라는 의미도 있습니다. 따라서 '내가 복음을 불쾌하게 여기지 아니하노니'라고 번역할 수도 있습니다. 사람들은 복음을 불쾌하게 여긴다는 것입니다. 분명 기쁜 소식임에도 불구하고 사람들은 불쾌하게 여긴다는 것입니다.

예수님을 믿지 않는 사람에게 예수님을 믿으라고 자꾸 이야기하면 유쾌하게 생각하지 않습니다. 대부분 불쾌하게 생각합니다. 그런데 잘 생각해 보면 우리도 마찬가지였습니다. 우리도 처음에는 복음을 불쾌하게 여겼습니다.

왜 사람들이 복음을 불쾌하게 여길까요? 복음은 구원이 값없이 받는 하나님의 은혜라고 말하기 때문입니다.

사람들은 뭔가 대가를 지불하고 받으면 괜찮다고 생각합니다. 대가를 주지 않고 그냥 받으면 굉장히 미안해 하고 때로는 언짢아하기도 합니다. 그냥 받으면 되는 것인데 그 앞에서 자존심이 발동하고, 체면을 생각하는 것입니다.

복음은 우리가 하나님의 은혜가 아니면 결코 구원받을 수 없는 존재라고 말합니다. 그래서 사람들이 싫어하는 것입니다. 우리의 능력으로 할 수 없다는 것을 불쾌하게 여기는 것입니다. 자신의 공로가 조금이라도 들어가고, 선행과 헌신이 좀 더해지기를 원합니다.

사실 세상 모든 종교가 말하는 구원은 그런 것입니다. 인간의 공덕을 구원의 조건으로 이야기합니다. 선하게 살고, 덕을 많이 쌓고, 자비를 베풀고, 남들을 많이 섬기고, 고행과 수행을 많이 하면 구원을 받는다고 말합니다. 이상하게도 사람들은 그렇게 뭔가 대가를 지불하고 받는 구원이 더 가치 있다고 생각합니다.

그러나 복음은 그렇게 말하지 않습니다. 구원은 값없이 받는 하나님의 은혜라고 말합니다. 그것의 가치가 보잘 것 없기 때문이 아닙니다. 그 어느 것으로도 값을 지불할 수 없기 때문입니다. 구원은 너무나 소중한 것이기에 그에 합당한 대가를 지불한다는 것은 있을 수 없는 일입니다. 그래서 거저 받을 수밖에 없는 것입니다.

생각해 보십시오. 공기를 돈 주고 살 수 있습니까? 만물을 소생케 하는 햇빛과 밤하늘에 빛나는 달과 별을 돈 주고 얻을 수 있습니까? 그럴 수 없습니다. 정말 중요하고 가치 있는 것은 돈으로 그 값을 매길 수 없습니다.

구원도 마찬가지입니다. 우리의 공로로 구원받는 것이 아니기 때문에 하나님의 은혜를 그저 감사하게 받아 누리면 되는 것입니다.

복음이 필요 없다고 말하는 이들이 있습니다. 인본주의자들입니다. 그들은 인간이 복음 없이도 얼마든지 잘 살 수 있다고 말합니다. 그럴만한 충분한 능력이 인간에게 있다는 것입니다.

인간이 존귀한 존재라고 말하는 것 같지만, 그것은 결국 하나님을 부인하는 것이며 하나님 위에 인간을 놓는 주장에 불과합니다. 하나님의 사랑과 은혜에 기인하지 않고서는 어느 누구도 존귀해질 수 없습니다.

진노의 자녀였던 우리가 하나님의 진노를 피하고 긍휼하심을 얻게 된 유일한 이유는 바로 예수 그리스도 때문입니다. 긍휼이 무엇입니까? 마땅히 받아야 할 형벌을 내리지 않는 것이 긍휼입니다. 하나님 앞에 죄인인 우리 모두는 마땅히 벌을 받아야 하지만 하나님께서 그 벌을 내리지 않으셨습니다. 바로 예수 그리스도 때문입니다.

> "곧 우리가 원수 되었을 때에 그의 아들의 죽으심으로 말미암아 하나님과 화목하게 되었은즉 화목하게 된 자로서는 더욱 그의 살아나심으로 말미암아 구원을 받을 것이니라" (로마서 5:10)

예수 그리스도께서 우리가 달려야 할 십자가에 대신 달려 죽으셨습니다. 우리의 모든 죄를 대신 짊어지고 형벌을 받으신 것입니다. 그 덕분에 우리와 하나님 사이가 화목하게 된 것입니다. 죄로 말미암아 하나님과 분리되었던 우리가 다시 그분과 연결되었습니다. 죄로 말미암아 죽었던 우리가 다시 살아나게 된 것입니다. 그것이 바로 복음입니다.

그런데 사람들은 이 사실을 또한 불쾌하게 생각합니다. 예수 그리스도가 자기 자신을 위해 죽으셨다는 것을 기분 나쁘게 여깁니다. 자신이 하나님의 아들을 죽여야 할 정도로 죄인이었다는 것을 인정하지 못하는 것입니다. 모욕감을 느끼는 것입니다. 지금까지 열심히 살았고, 가족을 위해 놀지도 않고 희생하는 삶을 살았고, 누구에게도 피해 주는 삶을 살지 않았는데 뭐가 그리 큰 죄인이냐는 것입니다.

그러나 성경은 우리가 본질상 진노의 자녀였다고 말씀합니다. 구원은 바로 그 사실을 알고 시인하는 것에서부터 시작되는 것입니다.

> "전에는 우리도 다 그 가운데서 우리 육체의 욕심을 따라 지내며 육체와 마음의 원하는 것을 하여 다른 이들과 같이 본질상 진노의 자녀이었더니" (에베소서 2:3)

아무리 많이 갖추고, 배우고, 큰 권세를 가진 사람이라 할지라도 '나는 아무 것도 아닌 사람이요, 하나님 앞에 죄인일 뿐입니다'라는 것을 인정하지 않는다면 그는 구원과 거리가 먼 사람입니다.

겉은 지식과 부와 명예와 건강으로 화려하게 포장하고 있을지 모릅니다. 그러나 우리 모두는 본질상 죄인입니다. 사람들 앞에서는 체면을 생각하고 의인임을 가장하며 그럴 듯한 말을 하지만 하루에도 몇 번씩 마음속에 사람들을 향한 분을 품곤 합니다.

> "기록된 바 의인은 없나니 하나도 없으며 깨닫는 자도 없고 하나님을 찾는 자도 없고 다 치우쳐 함께 무익하게 되고 선을 행하는 자는 없나니 하나도 없도다 그들의 목구멍은 열린 무덤이요 그 혀로는 속임을 일삼으며 그 입술에는 독사의 독이 있고 그 입에는 저주와 악독이 가득하고 그 발은 피를 흘리는 일에 빠르며 파멸과 고생이 그 길에 있어 평강의 길을 알지 못하였고 그들의 눈앞에 하나님을 두려워함이 없느니라 함과 같으니라" (로마서 3:10-18)

이것이 성경이 말하는 사람의 본질입니다. 아무리 선하게 살아도 예수 그리스도가 없이는 죄의 영향력 아래서 벗어날 수 없습니다. 그래서 죄인인 것입니다.

과거에 세계적으로 유명한 토요타(Toyota) 자동차의 리콜 사건이 일어난 적이 있습니다. 처음에 차의 결함이 제기되면서 리콜을 해야 한다는 의견이 쏟아져 들어오자 토요타는 매우 기분 나빠했습니다. 그리고 자신 있게 주장했습니다.

"우리가 어떤 공정으로 차를 만드는데 감히 토요타 자동차가 리콜이 된다는 말인가? 그런 일은 일어날 수 없다. 토요타는 완벽하다. 문제없다."

그런데 차를 자세히 검사해본 결과 설계에 문제가 있었습니다. 자동차를 만드는 공정에는 잘못된 것이 없었지만 설계도에 문제가 있었던 것입니다.

인간이 아무리 선하게 살아도, 위대한 업적을 쌓는 완벽한 삶을 살아도 그것이 본질상 안고 태어나는 죄의 문제를 덮어주지는 못합니다. 구원은 자신에게 근본적으로 해결해야 할 죄의 문제가 있다는 것을 깨닫고, 그것을 해결할 수 있는 분은 창조주 하나님밖에 없다는 것을 고백함으로써 값없이 받게 되는 선물임을 반드시 기억해야 합니다.

유일한 해답은 복음

사람들이 복음을 듣고 불쾌하게 생각하는 또 다른 이유가 있습니다. 그것은 바로 오직 예수 그리스도 외에는 구원의 길이 없다는 기독교 교리 때문입니다. 세상에 수많은 종교가 있는데 예수만 진리라고 주장하는 기독교는 너무 독선적이고 편협하다는 것입니다. 그래서 믿기 싫다고 말합니다.

진리를 산의 정상이라고 한다면, 정상에 오를 수 있는 길은 여러 가지일 수 있다고 주장을 합니다. 얼핏 들으면 일리가 있는 말처럼 들립니다. 그러나 앞에서 말한 것처럼 인간 스스로는 진리에 도달할 수 없습니다. 방황하고 유리하고 정처 없이 떠돌 뿐입니다. 진리에 이를 수 있는 길은 오직 하나님께서 열어주신 구원의 길, 예수 그리스도밖에 없습니다.

> "다른 이로써는 구원을 받을 수 없나니 천하 사람 중에 구원을 받을 만한 다른 이름을 우리에게 주신 일이 없음이라 하였더라" (사도행전 4:12)

물론 다른 종교에도 진리라고 하는 것이 있기는 합니다. 불교에도, 힌두교에도 나름대로 진리라고 하는 것이 있습니다. 그러나 그들이 말하는 진리는 일반적이고 보편적인 진리입니다. 그것이 인류를 유익하게 하고 삶의 질을 개선할 수 있는 그런 길을 제시할 수는 있습니다. 그러나 죄인의 신분에서 의인의 신분으로 변화되어 영생을 얻고, 하나님 나라에 들어갈 수 있게 하는 진리는 오직 예수 그리스도 밖에 없습니다.

세상에 얼마나 많은 종교가 있는지 모릅니다. 수천, 수만 가지가 있을지도 모르겠습니다. 그 모든 종교는 인간이 스스로의 힘으로 진리를 찾기 위해 노력하고, 스스로 구원에 이르기를 힘씁니다. 그러나 기독교는 인간의 행위나 노력으로 진리를 찾는 종교가 아닙니다. 하나님이 진리를 계시해 주시고, 보여주신 대로 따르는 종교입니다.

하나님이 가르쳐주신 진리에 사람의 생각이나 판단이나 경험이 들어갈 수 없습니다. 보여주신 대로 믿고 가르쳐주신 대로 따를 수밖에 없는 것입니다. 하나님은 예수님만이 유일한 진리요 생명이요 길이라고 가르쳐 주셨습니다. 사람의 생각이나 주장이 아닙니다. 따를 수밖에 없는 진리이고, 목숨을 걸고 수호해야 하는 진리입니다.

오직 예수 그리스도만이 생명의 길이요 참 진리이십니다.

예수 그리스도 그분이 곧 복음입니다. 죄 가운데 죽어 영원한 지옥에 거할 수밖에 없던 우리를 구하시기 위해 예수 그리스도께서 이 땅에 오셨습니다. 그리고 모든 인류의 죄를 대신 지시고 십자가에 달려 죽으심으로 우리와 하나님 사이에 화목을 이루셨습니다. 그 예수 그리스도를 구주와 주님으로 영접하면 누구나 할 것 없이 구원을 받아 하나님의 자녀가 됩니다. 영원한 천국에서 하나님과 함께 왕 노릇 하며 살게 됩니다.

그 어떤 행위나 노력, 선행으로 얻는 것이 아닙니다. 믿음으로 말미암아 거저 받게 되는 은혜요 하나님의 선물입니다. 그래서 복음입니다. 그래서 기쁜 소식인 것입니다.

> "하나님이 세상을 이처럼 사랑하사 독생자를 주셨으니 이는 그를 믿는 자마다 멸망하지 않고 영생을 얻게 하려 하심이라" (요한복음 3:16)

믿는다는 말은 맡긴다는 것을 의미합니다. 예수님께 내 모든 것을 맡기는 것이 믿음입니다. 복음을 받아들이고, 복음을 삶으로 살아내며, 복음을 선포하고, 복음을 의지하여 살아가는 모든 사람들에게 하나님의 구원의 능력이 임합니다. 하나님의 자녀가 되는 놀라운 권세를 받게 됩니다.

그런데 복음을 받아들이고, 복음의 삶을 사는 것은 인간의 의지로 되는 일이 아닙니다.

> "그러므로 내가 너희에게 알리노니 하나님의 영으로 말하는 자는 누구든지 예수를 저주할 자라 하지 아니하고 또 성령으로 아니하고는 누구

든지 예수를 주시라 할 수 없느니라" (고린도전서 12:3)

예수를 믿는 것은 성령의 역사입니다. 성령께서 역사해주셔야 예수님을 믿고 영접하여 그분이 원하시는 삶을 살 수 있습니다.

성령의 역사로 예수님을 만나 복음에 붙들린 사람에게는 반드시 변화가 일어나게 됩니다. 이전과 다른 변혁적인 삶을 살게 됩니다. 자신을 인생의 주인으로 알고 살던 삶에서 예수님을 인생의 주인으로 모시는 삶이 시작되기 때문입니다. 자신의 판단기준으로 살던 삶에서 하나님의 판단기준으로 사는 삶을 살게 되기 때문입니다.

미워하던 삶이 사랑하는 삶으로 바뀝니다. 받기만 하던 삶이 베푸는 삶으로 바뀝니다. 도움을 받던 삶이 돕는 삶으로 바뀝니다. 인생을 무의미하게 살던 사람이 자신의 인생을 주 안에서 의미 있게 가꿔나가기 시작합니다. 자신과 자신의 주변에 하나님의 아름다운 뜻이 펼쳐지게 하기 위한 삶을 살아갑니다.

그래서 복음이 중요한 것입니다. 그래서 복음이 유일한 해답인 것입니다. 복음이 없이는 어느 누구도 제대로 된 삶을 살 수 없습니다. 복음이 없이는 결코 이 세상이 아름다워질 수 없습니다. 인간을 본질적으로, 근본적으로 바꿔놓을 수 있는 것은 오직 복음밖에 없습니다. 오직 복음으로 능력 있는 삶을 살게 되기를 바랍니다.

'죽음을 이기는 삶'에 대해 생각해보기

01. 지금까지 살아오면서 들었던 가장 기쁜 소식은 무엇이었습니까?

02. 성경이 말하는 기쁜 소식은 무엇입니까?

03. 성경이 말하는 죄(罪)는 무엇입니까, 어떻게 죄의 문제를 해결할 수 있습니까?

04. 죄의 문제를 해결하시기 위해 하나님께서 준비하신 방법은 무엇입니까, 그것은 나 자신에게 어떤 의미가 있습니까?

■ **암송구절** - 요한복음 3:16

chapter 02

소망이
있는 삶

"네가 이 세대에서 부한 자들을 명하여 마음을 높이지 말고 정함이 없는 재물에 소망을 두지 말고 오직 우리에게 모든 것을 후히 주사 누리게 하시는 하나님께 두며 선을 행하고 선한 사업을 많이 하고 나누어 주기를 좋아하며 너그러운 자가 되게 하라 이것이 장래에 자기를 위하여 좋은 터를 쌓아 참된 생명을 취하는 것이니라" (디모데전서 6:17-19)

소망이 있는 삶

치킨을 배달하는 두 젊은이가 있었습니다. 요즘 치킨 배달하기가 어떠냐고 물었더니 한 젊은이가 지겨워 죽겠다고 합니다. 특히 축구 경기가 있는 날은 주문이 정신없이 많이 들어와서 아주 힘들다고 투덜거렸습니다. 안하면 안되니까 마지못해서 한다고 합니다.

다른 청년은 똑같은 질문에 이렇게 답합니다.
"배달할 거리가 많을수록 얼마나 좋은지 모르겠습니다. 금방 돈을 모을 수 있을 것 같습니다. 저도 2년 정도만 지나면 치킨집 하나 개업할 수 있을 것 같습니다."

두 청년의 차이가 무엇입니까? 한 청년에게는 소망이 없고, 다른 한 청년에게는 소망이 있다는 것입니다. 소망이 없는 청년은 매사가 짜증나고, 의욕이 없습니다. 항상 그만둘 생각만 합니다.

그러나 소망이 넘치는 청년은 얼굴에 화색이 돕니다. 발걸음이 가볍습니다. 손놀림이 부지런합니다. 소망이 있느냐, 없느냐에 따라서 삶의 방식이 그만큼 달라집니다.

소망 없는 사람들은 매사에 의욕이 없습니다. 그러다보니 몸이 느려지고, 좋은 결실을 맺기 어렵습니다. 반면에 소망이 충만한 사람은 매사에 의욕적입니다. 능동적입니다. 적극적이고 역동적입니다. 부지런하여 결실을 맺습니다. 결실을 맺느냐, 맺지 못하느냐는 소망이 있느냐 없느냐에 따라 달라집니다.

하나님께서 주시는 소망

소망이 얼마나 중요한지 모릅니다. 소망을 가지고 살 때 세월을 낭비하지 않고 열심히 삽니다. 건강한 정신을 가지고 살 수 있고, 활력과 생기가 넘치는 삶을 살 수 있습니다.

그러나 문제는 확실한 소망을 가지고 사는 사람이 의외로 많지 않다는 것입니다. 물론 가끔은 역동적이며 씩씩하고 용감하게 살기도 하지만, 인생의 결정적인 순간이 닥쳐오면 불안해합니다.

갑자기 질병에 걸리거나 역경과 가난이 찾아오면 어쩔 줄을 모릅니다.

인간관계가 깨어지고 좌절과 절망이 찾아오면 망연자실합니다. 소망을 잃어버리고 우울감에 사로잡혀 살다가 결국 스스로 목숨을 포기하기도 합니다.

대한민국에 그런 사람이 하루에 40여 명이나 됩니다. 사람이 소망을 잃고 절망에 빠지면 모든 것을 잃어버립니다. 다시 일어설 기회도, 낭비한 시간을 만회할 기회도, 주신 사명을 충성스럽게 감당할 기회도 다 잃어버리게 됩니다. 바로 여기에 소망 없는 사람들의 안타까움이 있습니다.

여러분의 소망은 무엇입니까? 여러분은 어디에 소망의 닻을 내리고 살고 있습니까? 혹시 유한한 이 땅의 영원하지 못한 것에 소망을 두고 있지는 않습니까? 가지고 가지 못할 것, 썩어 없어질 것, 자식들 싸움거리 될 것에 소망을 두고 살아가는 것은 아닌지 모르겠습니다.

리처드 바크(Richard Bach)가 쓴 『갈매기의 꿈』이라는 소설이 있습니다. 갈매기들은 해변에 앉아 있다가 배가 고프면 먹이를 찾곤 합니다. 그것이 전부입니다. 그것 외에는 생에 다른 의미가 없습니다.

그런데 주인공 갈매기인 조나단 리빙스턴에게는 꿈이 있었습니다. 소망이 있었습니다. 그것은 더 높이 날아오르는 것이었습니다. 그래서 그는 도전을 시도합니다. 친구들에게도 이야기합니다.
"우리는 더 높이 더 멀리 날 수 있다, 더 멀리 바다를 바라볼 수 있다."

그러나 주위에 있는 갈매기들은 그를 미친 갈매기라고 치부해 버리고 추방시켜 버립니다. 추방당한 갈매기 조나단의 슬픔은 추방당한데 있지 않았습니다. 자신이 바라보는 세계를 동료들은 보지 못한다는 것에 있었습니다.

당장의 먹고사는 문제에 함몰되어 땅만 바라보며 소망 없이 사는 현대인들에게 일침을 가하는 메시지가 소설에 담겨 있습니다. 여러분의 꿈은 무엇입니까? 어떤 소망을 가지고 살아가고 있습니까?

> "나의 간절한 기대와 소망을 따라 아무 일에든지 부끄러워하지 아니하고 지금도 전과 같이 온전히 담대하여 살든지 죽든지 내 몸에서 그리스도가 존귀하게 되게 하려 하나니 이는 내게 사는 것이 그리스도니 죽는 것도 유익함이라" (빌립보서 1:20)

바울은 빌립보서에서 자신의 소망을 이야기합니다. 바울의 소망은 어떤 상황 속에서도 부끄럽지 않은 삶을 살며 자신의 몸에서 그리스도가 존귀하게 되는 것이었습니다.

성경 속에 소망에 관한 수많은 이야기가 있습니다.

> "주여 이제 내가 무엇을 바라리요 나의 소망은 주께 있나이다" (시편 39:7)

> "나의 영혼아 잠잠히 하나님만 바라라 무릇 나의 소망이 그로부터 나오는도다" (시편 62:5)

> "주 여호와여 주는 나의 소망이시요 내가 어릴 때부터 신뢰한 이시라"
> (시편 71:5)

> "야곱의 하나님을 자기의 도움으로 삼으며 여호와 자기 하나님에게 자기의 소망을 두는 자는 복이 있도다" (시편 146:5)

이 땅의 썩어질 것, 없어질 것에 소망을 두지 않고 영원한 하나님께 소망을 두고 살아가는 것이 진정한 복입니다. 눈에 보이는 것보다 눈에 보이지 않는 영원한 하나님의 나라, 그리고 온 우주 만물의 주인이신 하나님이 우리의 참된 소망입니다.

> "형제들아 자는 자들에 관하여는 너희가 알지 못함을 우리가 원하지 아니하노니 이는 소망 없는 다른 이와 같이 슬퍼하지 않게 하려 함이라"
> (데살로니가전서 4:13)

그리스도인들의 소망은 죽음도 이겨낼 수 있는 소망이라고 바울은 권면하고 있습니다.

> "우리 구주 하나님과 우리의 소망이신 그리스도 예수의 명령을 따라 그리스도 예수의 사도 된 바울은" (디모데전서 1:1)

우리의 유일한 소망은 오직 예수 그리스도이십니다. 다른 것을 소망으로 삼지 마십시오. 예수 그리스도만을 유일한 소망이라고 고백하는 삶이 되기를 바랍니다.

"우리 주 예수 그리스도의 아버지 하나님을 찬송하리로다 그의 많으신 긍휼대로 예수 그리스도를 죽은 자 가운데서 부활하게 하심으로 말미암아 우리를 거듭나게 하사 산 소망이 있게 하시며" (베드로전서 1:3)

소망은 하나님께로부터 오는 것입니다. 우리 하나님께서 주시는 소망은 산 소망입니다. 생명력이 있습니다.

소망과 소원과 희망

소원과 소망의 차이가 무엇입니까? 소원은 자신의 마음에 바라고 원하는 바입니다. 반면에 소망은 하나님을 믿는 믿음과 말씀에 근거하여 바라고 원하는 바를 뜻합니다.

소원이 나로부터 시작된 것이라면 소망은 내가 아닌 하나님께로부터 오는 것입니다. 소원은 이루어지지 않을 수도 있습니다. 그러나 하나님께서 우리에게 주신 소망은 반드시 이루어집니다.

소원과 소망은 동기와 목적에 따라 전혀 다른 것일 수도 있지만 별 차이 없이 같을 수도 있습니다. 나와 우리 공동체가 하나님께서 원하시는 교회가 되고 정직하고, 성실하고, 깨끗한 삶을 살기를 바라고 원한다면, 그것은 우리의 소원일지라도 하나님의 말씀과 믿음에 근거한 소망이 될 수 있습니다.

어떤 박해와 핍박, 좌절과 절망 속에서라도 하나님께 소망을 두고, 천국에 소망을 두고, 기도와 인내로 산다면 두말 할 것도 없이 이것은 신앙적인 아름다움이 될 수 있습니다. 하나님의 뜻 가운데 거룩한 소원을 가지고 있으면 그것이 소망이 될 수 있고, 그러한 소망을 품고 사는 삶이야말로 가장 복되고 영광된 삶입니다.

소망과 비슷한 말로 희망이라는 단어가 있습니다. 희망과 소망의 차이가 뭘까요? 얼핏 비슷한 것 같지만 좀 다릅니다. 또 얼핏 다른 것 같지만 같을 수도 있습니다. 무엇을 원하느냐, 누구에게 기대하느냐에 따라 달라지는 것입니다. 하나님 안에서 그분이 주시는 것을 품고 기대한다면 그것이 바로 희망이며, 또 소망이라 할 수 있습니다.

아베 피에르는 "삶이 의미가 있는 것이라고 믿는 것이 희망이다"라고 말했습니다. 영원한 가치나 하나님께 희망을 두지 않고 세속적인 권력이나 경제력, 이것에 희망을 갖는다면 진정한 삶의 의미를 안다고 말할 수 없습니다.

영국의 유명한 극작가 셰퍼는 "소망과 희망을 가진 자는 이미 미래에 산다"고 했고, 독일의 유명한 종교개혁가 루터는 "희망은 강한 용기이며 새로운 의지다"라고 했습니다.

영국의 셰익스피어는 "불행을 고치는 약은 희망뿐이다"라고 했고, 그리스의 철학자 탈레스는 "희망은 가난한 자의 빵이다"라고 했습니다. 유명한 돈키호테의 저자 세르반테스는 "생명이 있는 한 희망은 있다"고 했습니다.

그렇습니다. 포기하지 않으면 소망은 아직 우리 곁에 있습니다. 나의 소원은 이루어지지 않을 수도 있으나 하나님의 소망은 반드시 이루어집니다. 19세기 프랑스의 소설가 빌리에 드 릴라당(Villiers de l'Isle-Adam)은 『희망이라는 이름의 고문』이라는 단편 소설을 썼습니다. 그는 그 책에 이런 글을 남겼습니다. '희망은 모든 악 중에서 가장 나쁜 것이다. 그것은 인간의 고통을 연장시키기 때문이다.'

말이 안 되는 것 같지만, 간과할 수 없는 말입니다. '희망 고문'이라는 말이 있듯이, 실제로 이루어질 수 없는 것을 희망하면서 살아간다면, 그것은 삶의 고통을 연장시키는 것일 수 있습니다.

바다에 보석을 빠뜨린 어떤 사람이 바가지를 가져다가 바닷물을 퍼내기 시작했습니다. 뭐 하는 거냐고 물었더니 보석을 찾기 위해 바닷물을 퍼낸다고 답했습니다. 열심히 바닷물을 퍼내면 언젠가 보석을 찾을 수 있다는 헛된 희망을 가지고 그 일을 하는 것입니다. 이런 것이 바로 희망 고문입니다.

얼마나 많은 사람들이 헛된 희망을 품고 살아가는지 모릅니다. 그러나 주 안에서 참된 희망과 소망을 품지 않은 사람은 헛되고 헛된 수고로 자신의 인생을 낭비할 뿐입니다. 오직 예수 그리스도 안에만 참된 소망이 있음을 믿고, 그분이 주시는 소망을 품고 살아가야 합니다.

소망은 영혼의 닻

독일에서 태어난 베르너 렘케(Werner Lemke)는 유년 시절에 2차 세계대전을 겪어야 했습니다. 연합군이 진격해 오는 바람에 온 가족이 피난길에 올랐고, 내일을 기약할 수 없는 심정으로 짐을 꾸려야 했습니다.

정든 집을 떠나려는 순간 큰 아들이 "잠깐만!"이라고 하더니 피아노 앞으로 달려갔습니다. 가족이 함께 모여 웃고 찬양하던 피아노 앞에 앉아, 큰아들은 그들이 즐겨 부르던 '예부터 도움 되시고'를 연주하기 시작했습니다.

그런데 그 찬송 가사 가운데 하나님을 가리켜 '내 소망 되신 주'라고 고백하는 부분이 나옵니다. 5절의 가사가 이렇습니다. '예부터 도움 되시고 내 소망되신 주 이 세상 풍파 중에도 늘 보호 하시네'

그들은 그 부분을 부르며 하나님이 정말 그들의 소망이 되신다는 격려를 받고 담대함과 평안함으로 피난길에 올랐습니다. 렘케 가족은 어떤 어려움과 역경 속에서도 결코 하나님의 손을 놓지 않았습니다. 그들은 하나님을 향한 소망의 끈을 놓지 않았고, 그 까닭에 전쟁 가운데도 평안히 지낼 수 있었습니다.

> "우리가 이 소망을 가지고 있는 것은 영혼의 닻 같아서 튼튼하고 견고하여 휘장 안으로 들어가나니" (히브리서 6:19)

성경은 소망이 영혼의 닻이라고 말합니다. 닻은 배를 정박시킬 때 내리는 것입니다. 닻을 내려놓으면 배가 약간 움직이기는 해도 결코 멀리 떠내려가지는 않습니다.

그러나 닻을 내려놓지 않으면 배가 바람 부는 대로, 물결치는 대로 떠내려가게 되어 있습니다.

하나님께 소망을 둔다는 것은 하나님께 내 영혼의 닻을 내리는 것과 같습니다. 하나님께 소망을 둔 사람, 하나님께 영혼의 닻을 내린 사람은 세상 풍파가 밀려올 때 약간 흔들리긴 해도 결코 하나님으로부터 멀어지지 않습니다.

그러나 세상의 썩어질 물질이나 세간의 명예와 권세에 닻을 내린 사람은 물질이 없어질 때 함께 없어집니다. 권력이 사라질 때 그 인생도 함께 사라지게 됩니다.

오늘날 너무나도 많은 사람들이 얄팍한 현실에, 자신의 경험과 생각에, 이 땅의 없어질 물건이나 물질에, 세상의 명예와 권세에 닻을 내리고 살려고 합니다. 정말 그런 것들이 우리의 영혼을 지탱해줄 만큼 안전할까요?

아닙니다. 우리가 살고 있는 이 땅에는 우리 영혼의 닻을 내릴만한 곳이 없습니다. 영혼의 닻을 내릴 수 있는 곳은 오직 영원하신 하나님의 품밖에 없습니다.

피상적인 삶을 살아가면서 생의 행복과 만족을 추구하는 것과 마찬가지로 신앙생활에 있어서도 겉핥기식 신앙생활로는 영적 만족을 누릴 수 없습니다.

남들이 교회 가니까 따라 가고, 남들이 예배드리니까 따라 하기만 해서는 참된 평안을 얻을 수 없습니다.

삶의 모든 소망을 하나님께 두고 살아갈 때 참된 평안을 경험할 수 있습니다.

하나님을 잘 알지 못하고 단지 교리 몇 개만 알고 있으면서 하나님을 많이 안다고 착각하는 사람들이 있습니다. 아집과 독선으로 가득 차 있고, 자신의 뜻대로 안되면 화내고 짜증을 부리는 사람들은 결코 하나님께 소망을 둔 사람들이 아닙니다.

모든 범사를 주님과 의논하며 주님께서 결정하시도록 인생의 모든 결정권을 주님 앞에 내어 맡긴 사람이 하나님께 영혼의 닻을 내린 참 소망의 사람이라 할 수 있습니다.

소망의 힘으로 살아가라

스위스의 유명한 내과 의사이자 정신의학자인 폴 트루니에(Paul Tournier)가 쓴 책 가운데 『귀를 핥으시는 하나님』이라는 간증집이 있습니다. 책의 원제는 『듣는 귀, 경청하는 귀』입니다. 책에 이런 내용이 나옵니다.

폴 트루니에와 그의 아내는 금슬 좋기로 소문난 부부였습니다. 그런데 그리스에 휴가를 갔다가 갑자기 아내가 심장마비를 일으켜 세상을 떠나게 됩니다.

그런데 아내가 숨을 거두기 직전에 남편에게 마지막으로 남기는 말이, "여보, 오늘 천국에 가면 먼저 가 계신 시부모님도 만나고 정말 즐거울 것 같아요."

트루니에 박사는 아내가 죽음을 마치 기차를 타고 다시 제네바로 돌아가는 것처럼 인식하고 있는 모습에 굉장한 충격을 받았습니다. 곧 가족과 재회할 것을 기뻐하며 기대하는 그 모습에 장엄한 감동을 느낀 것입니다. 그는 그 모습 속에서 부활이요 생명이신 예수님을 경험했습니다.

아내를 보낸 후 그의 믿음은 점점 더 강해졌습니다. 부활이요 생명이신 주님에 대한 믿음이 강해질수록 그는 근심과 걱정으로부터 해방되는 놀라운 자유를 체험합니다. 그는 나중에 이런 고백을 남겼습니다.

"나는 아내와 육체적으로만 결혼하였던 부부가 아니라 아내의 소망과 믿음 안에서 한 몸이 되어 있었던 것을 알게 되었다. 나도 곧 세상을 떠날 것인데, 그때 먼저 간 아내를 만날 수 있을 것이다."

하나님께 소망을 두고 사는 사람은 죽음을 두려워하지 않습니다.

반역죄로 종신형을 선고 받고 바다 가운데 로벤섬 감옥에 투옥된 사람이 있었습니다. 감방은 제대로 다리를 뻗고 누울 수조차 없을 정도로 비좁았습니다. 찌그러진 양동이 하나를 변기로 사용하라고 감방 구석에 던져 넣어 주었습니다. 면회와 편지는 6개월에 한 번 정도만 허락되었습니다.

간수들은 걸핏하면 그를 끌어다가 고문하고 짓밟고 폭력을 가했습니다. 이미 사람으로서의 품격과 지위는 상실되었고 견딜 수 없는 모욕과 고통을 겪어야 했습니다. 그가 감옥으로 끌려간 후 그의 아내와 자녀들은 살던 집을 빼앗기고 흑인들이 모여 사는 지역으로 쫓겨났습니다.

감옥살이 4년 째 되던 해에 어머니가 돌아가셨고, 이듬 해 큰아들이 교통사고로 세상을 떠났다는 소식을 들었지만 장례식에도 참석할 수 없었습니다. 세월이 흘러 감옥살이 14년이 되던 해에 큰딸이 결혼을 해서 아기를 데리고 할아버지에게 면회를 왔습니다.

그리고 큰딸이 이렇게 말했습니다.
"아버지, 아기의 이름을 지어주세요!"

아버지는 말없이 땟물이 찌들은 윗주머니에서 구겨진 종이 하나를 꺼내어 딸에게 건네주었습니다. 딸은 그 종이에 적혀있는 글자를 보는 순간 눈물을 쏟기 시작했습니다. 거기엔 Azwie(아즈위)라고 적혀 있었습니다. '아즈위' 우리말로 옮기면 '소망'이라 할 수 있습니다.

그는 그 후로 온갖 치욕을 다 당하면서 13년간 옥살이를 더 하고 풀려났습니다. 1962년에 체포되어 1990년까지 무려 27년 6개월 동안 옥살이를 했습니다. 마흔네 살에 억울한 옥살이를 시작했던 그가 일흔두 살이 되어 풀려난 것입니다.

그는 남아공의 흑백 분리 정책을 철폐하고 남아공 최초의 흑인 대통령에 당선되었습니다. 대통령에 당선되어서 자기를 박해하고 고통과 치욕을 줬던 정적들을 다 용서하고 사랑함으로써 인간의 고고한 삶의 방식을 보여주었습니다. 그가 세상을 떠났을 때 세계 언론은 그를 가리켜 인간의 품격을 한 단계 올려놓은 역사적인 인물이라고 존경과 찬사를 보냈습니다.

그가 바로 여러분이 잘 알고 계시는 '넬슨 만델라'입니다. 그는 감리교회 목사이기도 했습니다. 그 오랜 세월 동안 어떻게 절망의 세월을 견뎌낼 수 있었는가? 그는 이렇게 대답합니다.

"나는 위대한 변화가 반드시 일어나리라는 소망(아즈위)을 한 순간도 포기한 적이 없습니다. 사람이 죽는 것은 힘이 들어서가 아닙니다. 희망이 보이지 않을 때, 소망이 없을 때 죽는 것입니다. 사람은 소망의 힘으로 살아가고, 희망의 힘으로 살아가는데 소망을 잃어버리면 끝납니다."

오늘은 바깥에 가랑비가 오면 집안에 굵은 비가 떨어지는 그런 오두막에 살아도, 몇 년 후면 좋은 집으로 이사 갈 수 있다고 믿으며 소망 중에 사는 사람은 이겨냅니다. 그러나 오늘 좀 잘 살고 있어도, 내일의 소망이 절벽인 사람은 산 사람이라고 말할 수 없습니다. 죽은 것이나 진배없습니다.

오직 하나님께 소망을 두라

"네가 이 세대에서 부한 자들을 명하여 마음을 높이지 말고 정함이 없는 재물에 소망을 두지 말고 오직 우리에게 모든 것을 후히 주사 누리게 하시는 하나님께 두며" (디모데전서 6:17)

바울이 영적 아들이라 할 수 있는 디모데에게 쓴 편지의 내용입니다. 이 세대의 부한 자들, 잘 나가는 사람들, 높은 지위에 있는 사람들에게 가르쳐야 할 것에 대해 이야기합니다.

"부하다고 교만하지 말고, 가난한 자들을 무시하지 말라고 가르쳐라. 그리고 정함이 없는 재물에 소망을 두지 않게 하여라."

바울은 부유하고 권세를 가진 자들에게 재물에 소망을 두지 말라고 이야기합니다. 얼마나 많은 사람들이 재물에 소망을 두고 사는지 모릅니다. 돈이 없으면 살 수 없다고 합니다. 돈이 없으면 아무 것도 할 수 없다고 합니다. 그래서 한 푼이라도 더 모으려고 안간힘을 쓰며 살아갑니다. 그러나 그 과정에서 많은 것을 잃어버리게 되는 사람들이 얼마나 많습니까?

그러나 바울은 정함이 없는 재물에 소망을 두지 말라고 권고합니다. 그렇습니다. 재물은 정함이 없습니다. 흔들린다는 뜻입니다. 왜 돈이 돈입니까? 누군가 말하길 돌고, 돌고, 돌기 때문에 돈이라고 이름 붙였다고 합니다.

돈은 오늘 있다가도 내일 없을 수 있고, 오늘 없다가도 내일 있을 수 있습니다. 영원하지 않습니다. 흔들립니다. 하나님께서 재물을 풍요롭게 하셨다면, 그것을 어떻게 하나님의 나라를 위해 사용할지 고민해야 합니다.

부자라고 가난한 사람을 멸시하고, 다른 사람을 깔보고, 소위 '갑질'을 해서는 안 됩니다. 언젠가 양지가 변하여 음지가 되고, 음지도 변하여 양지가 될 수 있습니다. 하나님께 소망을 둔 사람이라면 아무리 큰 부를 가지고 있어도 자랑하거나 그것을 자신의 힘으로 삼아 다른 이들을 무시하지 않습니다. 오히려 재물을 어떻게 사용할지 고민하며 책임감을 갖고 살아갑니다.

하나님께서 많은 부를 주신 것은 나누기 위한 것입니다. 내 주변 사람들을 섬기고, 더 많은 사람들을 도우라고 주신 것입니다. 주변에 힘없고, 연약한 사람들을 돌아볼 수 있어야 합니다. 우리나라에 일하러 온 외국인들을 무시하지 말고 따뜻하게 품어주고 돌봐줘야 합니다.

하나님은 우리에게 모든 것을 거저 주셨습니다. 삼라만상 온 우주와 산과 골짜기, 따뜻한 해와 달, 그리고 아름다운 별들, 드넓은 대양과 깊은 바다, 각양각색의 식물과 나무와 열매를 주셨습니다.

우리가 자격이 있어 받은 것이 아닙니다. 요청해서 얻은 것도 아닙니다.

무언가를 지불하고 받은 것도 아닙니다. 하나님께서 은혜로 주셨습니다. 그뿐 아닙니다. 하나님은 하나밖에 없는 외아들 예수 그리스도를 우리를 구속하기 위해 십자가에 내어 주셨습니다. 그 놀라운 은혜로 구원을 받을 수 있었습니다. 그러니 거저 받은 은혜에 감사하며 오직 하나님께 소망을 두고 살아야 합니다. 하나님의 형상을 닮은 그분의 자녀답게 받은 것을 거저 주고 나누고 베푸는 삶을 살아야 합니다.

> "선을 행하고 선한 사업을 많이 하고 나누어 주기를 좋아하며 너그러운 자가 되게 하라 이것이 장래에 자기를 위하여 좋은 터를 쌓아 참된 생명을 취하는 것이니라" (디모데전서 6:18-19)

선한 일을 하며 살아야 한다고 말씀합니다. 사랑하며 나누고 베푸는 삶을 살라는 것입니다. 그것이 자신의 미래를 위해 좋은 터를 쌓는 일이라고 하십니다. 무슨 말씀입니까? 이것이 참된 생명, 영원한 생명을 얻는 길이라는 것입니다. 진정 하나님 앞에서 복된 삶이라는 것입니다.

하나님께 소망을 둔 인생, 천국을 소망하는 인생이 되어야 합니다. 겸손하게 섬기며 베풀고 나누는 삶을 살아냄으로 하나님을 영화롭게 해드리고, 사람들에게 그리스도인의 참다운 모습을 보여줄 수 있는 삶을 살아야 합니다.

소망이 없다고 말하는 세상 한 가운데에서 진정한 소망이 무엇인지 삶으로 보여주며, 많은 이들을 참 소망이신 예수 그리스도께로 인도하는 인생이 되기를 바랍니다.

'소망이 있는 삶'에 대해 생각해보기

01. 지금 가장 소망하고 있는 것이 있다면 무엇입니까?

02. 소망이 있는 사람과 그렇지 못한 사람은 어떻게 다를까요?

03. 성경은 참된 소망이 무엇이라고 말씀합니까?

04. 참된 소망을 가진 사람은 어떻게 살아갑니까, 어떤 소망을 갖고 살기 원하십니까?

■ **암송구절** - 데살로니가전서 4:13

chapter 03

소명이
있는 삶

"너희가 그 은혜를 인하여 믿음으로 말미암아 구원을 얻었나니 이것이 너희에게서 난 것이 아니요 하나님의 선물이라 행위에서 난 것이 아니니 이는 누구든지 자랑치 못하게 함이니라 우리는 그의 만드신 바라 그리스도 예수 안에서 선한 일을 위하여 지으심을 받은 자니 이 일은 하나님이 전에 예비하사 우리로 그 가운데서 행하게 하려 하심이니라" (에베소서 2:8-10)

소명이 있는 삶

우리를 향하신 하나님의 뜻은 우리가 행복하게 사는 것입니다. 부모님들이 자녀에게 가장 기대하는 게 뭘까요? 자녀들이 행복하게 사는 것입니다.

사람들에게 물어봤습니다. "요즘 어떻게 사십니까?" 이 질문에 가장 많이 나온 대답이 "그럭저럭 삽니다." 두 번째 대답은 "마지못해 삽니다.", 세 번째 대답은 "죽지 못해 삽니다." 다른 사람들에게는 행복하라고 인사하지만, 정작 본인은 "요즘 정말 행복하게 살고 있습니다"라고 자신 있게 대답하지 못하는 삶을 살고 있다는 것입니다.

과거에 비해 물질적으로는 훨씬 더 넉넉하고 풍요로워졌지만, 더 행복해졌다고 말하는 사람은 그렇게 많지 않습니다. 경제적으로는 부유하고 삶의 환경은 비교할 수 없을 만큼 풍성하게 되었는데 결코 좋은 세상, 바른 세상, 잘 사는 세상이 되었다고는 말하기 어렵습니다. 부유하게 되었지만 더 행복하지 못한 삶을 사는 게 오늘 이 시대를 살고 있는 사람들의 현실이 아닐까 싶습니다.

가난했지만 행복했다

저는 1963년도에 초등학교에 입학했습니다. 가슴에 코 닦는 수건 하나 달고 입학했습니다. 제가 입학했던 학교에는 책걸상이 없었습니다. 그래서 1학년 때는 마룻바닥에 앉아서 공부를 해야 했습니다. 2학년 때 겨우 책상과 걸상이 생겼습니다. 한 반에 약 칠십 명 정도의 학생들이 있었던 것으로 기억을 합니다. 그중에 책가방을 메고 다니는 친구들은 열 명도 안 되었습니다. 대부분 책보 즉 보자기에 책을 싸서 메고 다녔습니다. 책보를 메고 뛰면 필통소리가 달그락달그락 나곤 했습니다.

전교생이 이천 명이 넘는 학교였지만 학교에 피아노가 한 대도 없었습니다. 풍금이 하나 있었는데, 음악 시간이 되면 아이들이 풍금 가지러 다니느라고 똥줄이 빠졌습니다. 방학이 되면 어김없이 빠지지 않는 숙제가 있었습니다. 쥐를 잡아서 쥐꼬리 열 개를 가지고 오는 것입니다. 여름 방학이 되면 곤충채집, 식물채집도 해야 했습니다. 요사이로 말하면 학교에서 환경 파괴를 조장한 것이 아니었나 싶습니다.

그 시절에는 과자도 거의 없고, 껌도 없었습니다. 제 위에 누님이 한 분

계신데, 어느 날 그 누님이 껌을 씹고 있었습니다. 가끔씩 '짝짝' 껌 씹는 소리도 냈습니다. 그래서 어머니가 웬 껌이냐고 했더니, 옷에서 솜을 꺼내서 씹고 있다는 것이었습니다. 그게 우리의 생활이었습니다.

학교에서는 일 년에 한두 번 가정환경 조사라는 것을 했습니다. 그때 선생님이 꼭 묻는 것이 있었습니다. 집에 라디오 있는 사람, 선풍기 있는 사람, 전화기 있는 사람, 시계 있는 사람, 그런데 우리는 시골에 사니까 돼지 키우는 사람, 소 키우는 사람들이었습니다. 돼지 키운다고 그러면 몇 마리 키우는지도 물어 봤습니다. 저희 아버지가 외갓집에 가시면서, 금성 라디오를 하나 사가지고 갔습니다. 집에 딱 갖다놓고 켜니까, 라디오 안에서 할아버지 소리도 나고 어린아이들 소리도 나왔습니다. 온 동네 사람들이 다 모여들었습니다. 어떻게 이렇게 작은 통 안에 사람들이 다 들어가 있느냐고 신기해했던 기억이 납니다.

제가 살던 마을에는 텔레비전이 두 대 있었습니다. 초등학교 전교생이 이천 명이 넘는 마을이면 상당히 큰 마을인데, 텔레비전은 두 대밖에 없었습니다. 파출소에 한 대, 탄광 하는 광업소 사장님 댁에 한 대 있었습니다. 얼마 지나서 만화방에 드디어 텔레비전이 들어왔습니다. 돈 내고 만화를 열심히 빌려 보면, 텔레비전을 한 시간 정도 보여주곤 했습니다. 보려는 사람들이 많아서 그것도 기를 쓰고 봐야 했습니다.

우리나라에 컬러 텔레비전이 언제 보급되었는지 아십니까? 1980년에 컬러 텔레비전이 보급되었습니다. 일본은 1960년에 보급되어서 NHK, 도쿄 방송, 요미우리 방송 모두가 컬러로 나왔습니다. 필리핀은 1966년에 보급되었습니다. 우리나라는 1974년부터 이미 컬러 텔레비전을 만들어서 수출을 했는데, 내수용으로는 나오지 않았던 것입니다.

텔레비전이 그렇게 귀했습니다. 그런데 텔레비전보다 더 귀한 것이 바로 전화기였습니다. 텔레비전 한 대 값보다, 전화기 한 대 값이 훨씬 더 비쌌습니다. 1969년도에 백색 전화(사고 팔 수 있는 전화기) 한 대 가격이, 서울에 있는 25평 아파트 한 채 값하고 똑같았습니다. 지금은 서울에 있는 25평 아파트면 최신 핸드폰 수백, 수천 대는 살 수 있을 것입니다. 그런데 그때는 전화기가 그렇게 비쌌습니다.

지금은 가정 당 컴퓨터가 거의 한 대씩 있습니다. 1971년에는 우리나라에 딱 한 대, 서울대학교에만 있었습니다. 교수님들이 30분씩 돌아가면서 컴퓨터를 배웠습니다. 1960년대 우리나라 대통령이 태국에 가려고 했는데, 태국에서 오지 말라고 했습니다. 거지나라에서 오는 대통령 안 받겠다는 것입니다. 신문에 났던 기억이 납니다. 그게 우리나라의 상황이었습니다.

작년도 우리나라의 무역 수출 규모가 5,739억 달러였습니다. 우리나라가 수출한 이래로 작년에 제일 많이 했습니다. 수출 규모가 세계 제6위입니다. 수입은 4,781억 달러 정도 됩니다. 958억 달러 흑자입니다. 수출과 수입을 모두 합하면 1조 520억 달러의 엄청난 무역 규모를 자랑합니다. 세계 제7, 8위 정도 될 것입니다. 북한은 어느 정도일까요? 북한은 수출과 수입 모두 다 합해서 65억 달러 정도 됩니다. 우리나라의 0.6% 정도밖에 안 됩니다.

현재 우리나라 휴대전화 가입자 수는 5,100만 명이 조금 넘습니다. 100명 기준으로 북한은 12개 정도를 갖고 있고, 한국은 100명 기준으로 118개를 가지고 있습니다. 18명은 두 개를 갖고 있는 것입니다. 전 세계 반도체 메모리칩 생산량의 70%가 한국에서 생산됩니다. 초고속 인터넷 서비스가 세계에서 제일 잘되어 있는 나라가 대한민국입니다.

쉽게 말하면 1960년대, 70년대에 비해서 지금은 수십 수백 배 더 부유해졌습니다. 비교할 수 없을 정도로 넉넉하고 풍성해졌습니다. 그런데 그때보다 얼마나 더 행복해졌냐고 물어보면, 그때만큼 행복하지 않다고 합니다.

행복은 존재 가치와 비례

부유하게 되면 행복합니까? 잘 사는 것입니까? 부자로 사는 것과 잘 사는 것에는 차이가 있습니다. 부유하게 사는 것과 행복하게 사는 것이 반드시 비례하는 것은 아닙니다. 부자는 행복하고 잘 살고, 가난한 자는 못 살고 불행하다고 말할 수 없습니다. 부자 가운데도 잘 못 사는 사람이 있습니다. 부자이긴 한데, 행복하지 않은 사람도 있습니다. 가난한 사람 가운데도 바르게 사는 사람, 잘 사는 사람이 있고 행복한 사람이 있습니다.

가난한 사람은 못 사는 사람이고, 부자는 행복한 사람이라는 등식이 성립되는 것이 아닙니다. 사람이 행복하게 되는 것은 사랑을 받을 때입니다. 사람이 행복하게 되는 것은 귀하게 여김을 받고, 존중을 받을 때입니다. 행복하다는 말을 다른 말로 바꾸면 만족한다는 것입니다. 만족한다는 것은 넘친다는 것입니다. 부족함이 없다는 것입니다. 여호와는 나의 목자시니 내가 부족함이 없다고 여기는 사람은 늘 잔이 넘치는 행복을 누리며 살아갈 수 있습니다.

제 기억에 저는 초등학교 다닐 때 팬티를 입어본 적이 없습니다. 어느 날 어머니께서 팬티를 하나 만들어 주셨는데, 헝겊 밀가루 자루로 만들어 주셨습니다. 표백제로 열심히 빨아도 "밀가루", "중력분", "22kg" 그런 글씨들이 지워지지 않고 남아 있었습니다.

겨울에는 별 문제가 없습니다. 여름에 냇가에 멱 감으러 가면 늘 문제가 되었습니다. 옷을 벗고 팬티만 입고 멱 감으며 노는데, 제 친구가 팬티의 글씨를 발견하더니 놀리기 시작하는 것입니다. 중력분 팬티네, 밀가루 팬티네 아주 창피했습니다. 그래서 집에 가서 어머니한테 좋은 팬티 하나 사달라고 떼를 썼습니다. 어머니는 요동도 없으셨습니다. 창피해서 못살겠다고 막 소리를 지르고 그랬는데도 어머니는 꼼짝도 안 하셨습니다. 그리고 이렇게 말씀하셨습니다. "그게 뭐가 창피하냐? 도둑질하다가 걸려야 창피하고 거짓말하다 들켜야 창피하지. 그게 왜 창피하냐? 안 입는 것 보단 그래도 입는 게 낫지!" 가만히 생각해보니까 어머니 말씀이 맞는 것 같았습니다. 그 다음부터는 괜찮아서 그냥 입고 지냈습니다.

소위 명품이라 불리는 굉장히 비싼 옷들이 많습니다. 속옷도 몇 백 만원씩 하는 게 있다고 들었습니다. 아무래도 그런 속옷을 입으면 싸구려 속옷보다는 편하겠지요. 그런데 그런 거 입으면 인격이 올라갑니까, 성품이 좋아집니까? 그렇게 비싼 옷 입고 기도하면 기도 응답이 빨리 됩니까, 성경 공부가 잘 됩니까?

저는 명품과 고가의 생활용품이나 의류가 우리의 가치를 높이거나 신앙을 더 깊게 만들어 준다고 생각하지 않습니다. 명품을 비난하거나 욕하는 것이 아닙니다. 나름대로의 가치가 있는 것은 사실입니다. 그러나 그런 것들로 행복이 결정되는 것은 아닙니다. 사람은 가난해서 불행한 것이 아닙니다. 자신의 존재 가치를 느끼지 못하기 때문에 불행한 것입니다. 비록 가난해도 꼭 필요한 사람이라고 인정받고 있고, 모든 사람들에게 사랑받고 있다고 느끼면 행복할 수 있습니다.

그러나 내가 아무리 좋은 것을 갖추고 있어도 남들이 나를 알아주지 않고, 인정해 주지 않으면 불행하게 되는 것입니다. 사람은 누구나 "당신이 있어서 우리는 얼마나 기쁜지 모른다, 당신은 정말 우리의 보배다, 당신이 없다면 우리 모임은 아무런 의미가 없다, 당신 없는 공동체는 상상할 수도 없다" 그런 이야기를 들을 때 행복감을 느낍니다.

자신의 존재를 인정받고 존귀하게 여김 받는 것을 다르게 표현하자면, 존재 가치라고 합니다. 사람은 어느 때에 존재 가치를 갖게 됩니까? 존재하는 목적에 꼭 맞는 역할이나 기능을 감당할 때 거기서 존재 가치를 찾을 수 있습니다. 행복은 바로 이 존재 가치와 비례하는 것입니다.

그리스도인의 소명

　사람도 마찬가지입니다. 하나님이 우리를 만드실 때 분명한 목적을 갖고 만드셨습니다. 그 존재 가치를 따라 살면 행복한 삶을 살 수 있지만, 만드신 목적에 합당하지 않은 삶을 산다면 불행할 수밖에 없습니다. 그렇기에 존재 목적을 잘 이루는 삶을 살도록 노력해야 합니다. 우리를 만드신 하나님의 목적에 맞도록 그 기능과 역할을 잘 감당할 때 의미가 있고 행복한 삶을 살 수 있습니다.

> "너희가 그 은혜를 인하여 믿음으로 말미암아 구원을 얻었나니 이것이 너희에게서 난 것이 아니요 하나님의 선물이라 행위에서 난 것이 아니니 이는 누구든지 자랑치 못하게 함이니라 우리는 그의 만드신 바라 그리스도 예수 안에서 선한 일을 위하여 지으심을 받은 자니 이 일은 하나님이 전에 예비하사 우리로 그 가운데서 행하게 하려 하심이니라" (에베소서 2:8-10)

　성경은 우리가 하나님의 은혜로 구원받았다고 말씀합니다. 하나님께서 죄인인 우리를 긍휼이 여기셔서 독생자 예수 그리스도를 보내주셨고, 그 예수 그리스도를 믿는 모든 사람들은 다 하나님의 자녀로 삼아주셨다는 것입니다. 우리가 행한 일에 대한 보상으로 구원받은 게 아닙니다. 하나님의 일방적인 은혜로 우리를 구원하여 하나님의 자녀 삼아주신 것입니다. 값없이 선물로 주셨습니다.

　성경 여러 곳에서 이 구원의 부르심을 살펴볼 수 있습니다.

"곧 창세 전에 그리스도 안에서 우리를 택하사 우리로 사랑 안에서 그 앞에 거룩하고 흠이 없게 하시려고 그 기쁘신 뜻대로 우리를 예정하사 예수 그리스도로 말미암아 자기의 아들들이 되게 하셨으니 이는 그의 사랑하시는 자 안에서 우리에게 거저 주시는 바 그의 은혜의 영광을 찬미하려는 것이라" (에베소서 1:4-6)

"그러므로 주 안에 갇힌 내가 너희를 권하노니 너희가 부르심을 입은 부름에 합당하게 행하여" (에베소서 4:1)

"…이와 같이 너희가 부르심의 한 소망 안에서 부르심을 입었느니라" (에베소서 4:4)

"하나님이 우리를 구원하사 거룩하신 부르심으로 부르심은 우리의 행위대로 하심이 아니요 오직 자기 뜻과 영원한 때 전부터 그리스도 예수 안에서 우리에게 주신 은혜대로 하심이라" (디모데후서 1:9)

"그러므로 함께 하늘의 부르심을 입은 거룩한 형제들아 우리의 믿는 도리의 사도시며 대제사장이신 예수를 깊이 생각하라" (히브리서 3:1)

"푯대를 향하여 그리스도 예수 안에서 하나님이 위에서 부르심 부름의 상을 위하여 좇아가노라" (빌립보서 3:14)

"그리스도 예수 안에서 하나님이 위에서 부르신 부름의 상을 위하여 좇아간다." '부를 소(召)' '목숨 명(命)' 우리의 목숨을 주님이 불러주셨다는 것입니다. 많은 사람들이 오해를 합니다. 소명을 받았다 그러면 꼭 목사가 되거나, 선교사가 되거나, 전도사가 되거나, 소위 주의 종이 되는 것으로 생각합니다. 그렇지 않은 일반 성도들은 소명이 없다고 생각합니다. 그렇지 않습니다. 모든 그리스도인은 구원의 은총을 누리도록 하나님께서 불러주셨습니다. 모두가 다 소명자입니다.

직업을 영어로 'vocation'이라고 합니다. vocation은 calling(부르심)과 똑같은 말입니다. 하나님 앞에 목사로 부름을 받은 것이나 장로 권사로 부름을 받은 것이나 똑같습니다. 직장과 일터에서 부장이나 과장, 또는 직원으로 부름 받은 것도 마찬가지입니다.

의원으로 부름을 받은 자가 의원으로서의 일을 잘 감당하면, 목사가 목사로 부름 받아 목사의 직무를 감당하는 것과 똑같습니다. 목사는 소중하고 공무원은 소중하지 않고 그런 것이 아닙니다. 목사는 목사대로, 교사는 교사대로, 환경미화원은 환경미화원대로 다 똑같이 소중합니다. 누가 더 소중하고 덜 소중하고가 아닙니다. 하나님이 부르신 그 자리에서 자신에게 주어진 부르심에 합당한 삶을 살며, 맡겨진 직무를 잘 감당하면 누구나 소명을 이루는 삶을 사는 것입니다.

선한 일을 위한 부르심

"우리는 그의 만드신 바라 그리스도 예수 안에서 선한 일을 위하여 지으심을 받은 자니 이 일은 하나님이 전에 예비하사 우리로 그 가운데서 행

하게 하려 하심이라" (에베소서 2:10)

여기에 나오는 '우리'는 예수님을 믿는 공동체 즉, 교회를 말합니다. 교회가 하나님의 만드신 바라고 합니다. 하나님의 작품이라는 것입니다. 무엇을 위하여 만드셨다고 합니까? '선한 일'을 위하여 지으심을 받았다고 합니다. 그렇다면 교회는 무슨 일을 해야 합니까? 선한 일을 해야 합니다. 선한 일을 하지 않는 교회는 교회다운 교회가 아닙니다. 그렇다면 선한 일이 무엇입니까?

예수님은 "하나님 한 분 외에는 선한 이가 없느니라" 라고 하셨습니다. 그렇기에 하나님과 연관된 일을 하는 자, 어디에서 무슨 일을 하든지 하나님의 영광과 관계된 일을 하는 것이 바로 선한 일입니다. 영혼을 구원하는 일, 남을 돕고, 나누고, 섬기는 일이라고 할 수 있습니다.

지위고하를 막론하고 하나님께서 불러주신 그 자리에서 그 일을 감당하면 됩니다.

> "그러나 너희는 택하신 족속이요 왕 같은 제사장들이요 거룩한 나라요 그의 소유가 된 백성이니 이는 너희를 어두운 데서 불러 내어 그의 기이한 빛에 들어가게 하신 이의 아름다운 덕을 선포하게 하려 하심이라"
> (베드로전서 2:9)

'오직 너희는' 이라고 말할 때, 그 안에 집사, 권사, 장로, 목사, 새 신자 모두가 다 들어 있습니다. 모든 그리스도인들이 택하신 족속이요, 왕 같은 제사장이라는 것입니다.

김동호 목사님이 어느 주일날 예배를 마치고 나오는데, 한 부부가 다가와서 "목사님 다음 주에 김천에 집회 가시지요? 김천에 오시면 우리 집에 꼭 한번 심방을 와주십시오!"라고 말하는 것입니다. 목사님께서 집회하는 교회 목사님과 의논해서 꼭 가겠다고 약속을 했습니다. 알고 보니 이분이 김천에 살고 있는데, 매주 서울로 예배를 드리러 오는 것이었습니다.

그 다음 주에 김동호 목사님이 김천에 집회를 가셨습니다. 그리고 그 교회 목사님께 양해를 구하고, 그 부부 집사님의 집으로 가셨습니다. 김동호 목사님이 가셨던 이유는 김천에 있는 가까운 교회에 가고 서울까지 오지 말라는 이야기를 하시기 위해서였습니다. 그런데 갔더니 웬 설렁탕집이 있는 것입니다. 부부 집사님이 설렁탕집을 운영했던 것입니다.

이 부인 집사님이 목사님이 오시자마자 하시는 말씀이, "목사님 저는 미식가입니다. 음식이 맛있다 그러면 서울도 가서 먹고, 부산도 가서 먹고, 대구도 가서 먹습니다. 어디든지 갑니다. 밥 먹으러 서울도 가는데, 예배드리러 서울에 못갈 일이 뭐 있겠습니까?"

그 말에 목사님의 말문이 콱 막혔습니다. 그런데 이 부인 집사님이 이어서 한 말이 목사님의 평생을 두고 잊지 못할 말씀이 되었다고 합니다. "목사님 저는 설렁탕을 끓여서 팔지만, 단 한 그릇을 끓일 때도 꼭 예수님께 대접하듯 끓입니다. 그렇기 때문에 저는 제일 좋은 쌀을 삽니다.

고기도 제일 좋은 고기, 특별히 설렁탕 국물을 내려면 뼈를 사서 고아야 되는데, 뼈도 제일 좋은 뼈를 삽니다. 무나 배추김치를 담글 때도 제일 좋은 무, 배추를 씁니다. 양념에는 고춧가루가 중요한데, 좋은 고춧가루가 있는 곳이 있다고 하면 어디든지 가서 사옵니다."

특히 김치에는 마늘이 중요한데, 보통은 시장에 다 까서 빻은 마늘을 팩에 넣어서 판다고 합니다. 그런데 그런 걸 사용하면 맛이 제대로 나질 않는다는 것입니다. 그래서 밤에 일을 다 끝내고 나면 부부가 마늘을 일일이 다 까서 다음 날 빻아서 김치에 넣는다고 했습니다. 예수님께 드린다고 생각하니 저절로 그렇게 하게 되더라는 것입니다.

10시간 정도 뼈를 고아야 뼈 국물이 뽀얗게 나오는데 어느 날인가, 누런 물이 나오더랍니다. 뼈를 사온 가게에 전화했더니 사장님이 정말 죄송하다고, 다음부터 절대 그런 일 없을 거라고 사과를 했다고 합니다. 그리고는 오늘만 커피 프림을 타라고, 그러면 국물이 뽀얗게 될 거라고 비법(?)을 전수해 줬다고 합니다. 이 부부 집사님이 전화를 끊고, 그 다음 날 아침은 가게 문을 닫았다고 합니다. 그리고 가게 문에 이렇게 써 붙였습니다. "재료가 나빠서 오늘은 장사를 못합니다."

부르심에 합당한 삶을 살라

성도의 소명에 합당한 삶이 무엇입니까? 하나님께서 우리를 지으신 궁극적인 목적대로 사는 삶은 어떤 삶입니까? 어떤 삶이 부르심에 합당한 삶, 하나님의 자녀다운 삶입니까?

세상의 사람들은 돈만 되면 무슨 짓을 못하냐고 합니다. 거짓말 정도는 아무렇지 않게 합니다. 그런데 사실 우리도 비슷하게 삽니다. 그러니 세상이 우리 알기를 우습게 알고, 교회를 신뢰하지 못하는 것입니다. 우리 삶이 먼저 복음에 합한 삶이 되어야 합니다. 4영리로 복음을 전하고, 성경 말씀 줄줄 외워가며 전도하는 일도 좋지만, 무엇보다 중요한 것은 내 삶의 현장에 예수 그리스도의 흔적이 있느냐 하는 것입니다.

예수 믿지 않는 사람들이 나의 삶을 보고, 내가 말하는 모습을 보고, 살아가는 삶의 스타일을 바라보고 "나도 네가 나가는 교회 나가면 안 되겠냐? 나도 네가 믿는 예수 믿고 싶다!" 그게 전도입니다. 교회가 부족해서 복음 증거가 안 되고, 전도하는 사람이 없어서 전도가 안 되는 것이 아닙니다. 예수 믿는 우리들이 예수 믿는 사람답게 살지 못하기 때문에 그런 것입니다. 부르심에 합당한 삶을 살지 못하니까 그런 것입니다.

백범 김구 선생님의 글 가운데 이런 글이 있습니다. "돈에 맞춰 일하면 직업이고, 돈을 넘어 일하면 소명입니다." 저는 이 말씀을 좀 바꾸고 싶습니다. "직업으로 일하면 월급 받고, 소명으로 일하면 상급 받습니다."

칭찬에 익숙하면 비난에 금방 마음이 흔들립니다. 대접에 익숙하면 푸대접에 마음이 상합니다. 그러나 소명으로 일하면 칭찬과 푸대접에 별로 흔들리지 않습니다. 왜냐하면 사람의 눈치를 보며 사람에게 잘 보이려고 애쓰지 않기 때문입니다. 소명으로 일하는 자들은 하나님을 의식

하며, 맡겨진 일을 묵묵히 성실하게 감당할 뿐입니다.

그럭저럭 산다고요? 마지못해 산다고요? 죽지 못해 산다고요? 아닙니다. 하나님이 나를 부르셨고, 또한 보내셨기에 사는 것입니다. 보내심을 받은 그 자리에서 부르심에 합당한 삶을 살아가시길 바랍니다. 하나님이 부르신 목적대로 그분의 뜻을 이뤄드리는 삶을 사시길 바랍니다.

'소명이 있는 삶'에 대해 생각해보기

01. 행복한 삶을 살고 있습니까? 무엇에 가장 행복을 느끼십니까?

02. 성경이 말씀하시는 행복의 조건은 무엇입니까? 나의 행복과는 어떻게 다릅니까?

03. 소명이란 무엇입니까, 소명 있는 삶과 그렇지 않은 삶은 어떻게 다릅니까?

04. 소명에 합당한 삶을 살기 위해 내가 실천할 수 있는 일은 무엇입니까?

■ 암송구절 - 에베소서 2:10

chapter 04

풍성한
생명이
있는 삶

"도둑이 오는 것은 도둑질하고 죽이고 멸망시키려는 것뿐이요 내가 온 것은 양으로 생명을 얻게 하고 더 풍성히 얻게 하려는 것이라" (요한복음 10:10)

풍성한 생명이 있는 삶

어떤 사람이 호화 크루즈 여객선을 타고 세계일주 여행을 하게 되었습니다. 비싼 배표는 구입했지만 돈이 부족해서 먹을 것을 많이 준비하지 못했습니다. 돈이 많아 보이는 사람들은 식사 때마다 크루즈에 있는 여러 식당에 다니며 음식을 많이 먹었지만, 이 사람은 거의 음식을 먹지 못했습니다.

일식, 중식, 양식 할 것 없이 많은 음식들이 있었지만 이 사람은 제대로 먹지 못하고 굶주린 채 여행을 해야 했습니다. 초라한 자신의 모습으로 인해 그는 괜히 비싼 크루즈 여행을 왔다고 생각하며 후회하며 시간을 보냈습니다.

드디어 2주간의 여행이 끝나 배의 선장이 나와 한 사람 한 사람 만나며 여행이 어땠는지를 물었습니다. 2주간 굶다시피 하며 여행한 이 사람도 선장을 만났습니다. 그리고 이야기합니다.

"좋은 구경은 참 많이 했지만, 먹을 것을 제대로 준비하지 못해 지나간 2주 동안 거의 굶으며 지냈기 때문에 기분이 아주 안 좋습니다."

그 말을 들은 선장이 깜짝 놀라며 이야기했습니다.
"당신이 지불한 뱃삯 안에 모든 음식 값이 다 들어 있는데, 왜 아무 것도 먹지 못했습니까?"

예수 안의 풍성한 삶

예수님 믿는 사람들에게 성경은 풍성한 삶을 보장합니다. 그런데 예수님을 믿으면서도 성경이 약속한 풍성한 삶을 누리지 못한 채 사는 사람은 마치 굶으며 크루즈 여행을 한 사람과 진배없다고 할 것입니다.

세계적으로 유명한 자동차 롤스로이스나 벤츠, BMW 같은 차를 구입한 사람이 그 차를 타고 다니는 것이 아니라 밀고 다니거나 앞에서 밧줄로 묶어 끌고 다닌다면 그것만큼 어리석은 일은 없을 것입니다.

마치 그와 같이 예수님을 믿으면서 그분 안에 있는 풍성한 삶이 무엇인지 알지도 못하고, 누리지도 못한 채 사는 사람들이 얼마나 많은지 모릅니다.

"도둑이 오는 것은 도둑질하고 죽이고 멸망시키려는 것뿐이요 내가 온 것은 양으로 생명을 얻게 하고 더 풍성히 얻게 하려는 것이라" (요한복음 10:10)

성경은 예수님께서 이 땅에 오신 이유가 우리에게 풍성한 생명을 주시기 위함이라고 말씀합니다.

"너희가 성경에서 영생을 얻는 줄 생각하고 성경을 연구하거니와 이 성경이 곧 내게 대하여 증언하는 것이니라" (요한복음 5:39)

성경은 예수님을 증거하는 책이며, 우리를 향한 하나님의 사랑의 편지입니다. 가장 복된 삶을 살 수 있는 기준을 우리에게 주신 것입니다. 이 말씀대로만 살면 풍성한 삶을 누리게 되어 있습니다.

그런데 명색만 그리스도인일 뿐, 말씀대로 살지 않는 사람들이 얼마나 많은지 모릅니다. 하나님께서 주신 삶의 유일한 기준을 무시한 채 살기 때문에 행복한 삶을 누리지 못하는 것입니다. 주님은 우리에게 생명을 얻게 하시고, 더 풍성히 얻게 해주신다고 약속하셨습니다. 그렇다면 삶을 자세히 들여다보십시오. 과연 그 풍성한 생명을 갖고 계십니까?

예수님은 어떤 분이신가?

요한복음은 두 가지를 명확하게 보여줍니다. '예수님이 어떤 분이신가?'와 '예수님이 왜 이 땅에 오셨는가?'입니다. 요한복음에는 예수님께서 'I am ~'라는 표현으로 당신을 소개하시는 장면이 여러 번 나옵니다.

풍성한 생명을 얻고 그것을 누리는 삶을 살기 위해선 먼저 예수님이 어떤 분이신지 정확히 알아야 합니다.

첫 번째로, 예수님은 자신이 '그리스도'라고 말씀하셨습니다.

> "나의 말한 바 나는 그리스도가 아니요 그의 앞에 보내심을 받은 자라고 한 것을 증언할 자는 너희니라" (요한복음 3:28)

침례 요한이 한 말입니다. 그는 제자들에게 자신은 그리스도가 아니라고 이야기합니다. 제자들로 하여금 자신이 그리스도보다 앞서서 보내심을 받은 사람이라는 사실을 증거 하라고 당부합니다. 그분은 흥하여야 하겠고 나는 쇠하여야 한다, 그분은 더욱 커지셔야 하고 나는 더 작아져야 한다고 가르칩니다.

요한복음 4장에 우물가의 여인이 예수님과 대화하는 장면이 나옵니다. 여인이 그리스도가 오실 것을 알고 있고, 그분이 오시면 모든 것을 밝히 알게 될 것이라고 예수님께 이야기합니다. 여인의 말에 예수님께서 뭐라고 대답하셨습니까?

> "예수께서 이르시되 네게 말하는 내가 그라 하시니라" (요한복음 4:26)

예수님은 당신께서 바로 사람들이 그토록 고대하는 '그리스도'이심을 알려주셨습니다. 그리스도라는 말은 '기름 부음을 받은 자'라는 뜻입니다. 성경에 선지자, 제사장, 왕이 기름 부음을 받아 세워졌습니다. 예수님이 바로 참 선지자이시며, 제사장이시고, 왕이라는 것입니다.

두 번째로, 예수님은 자신이 '생명의 떡'이라고 말씀하셨습니다.

> "예수께서 가라사대 내가 곧 생명의 떡이니 내게 오는 자는 결코 주리지 아니할 터이요 나를 믿는 자는 영원히 목마르지 아니하리라" (요한복음 6:35)

영어 성경에는 'I'm the bread of life'라고 번역되었습니다. 우리가 세상에서 먹는 음식들은 일정 시간이 지나면 다시 배가 고파집니다. 그러나 생명의 떡이신 예수 그리스도는 영원히 배고프지 않는 생명의 떡이 되십니다. 예수 그리스도를 영접하면 영원히 배고프지 않습니다.

하나님은 우리가 풍성한 삶을 사는 것을 원하십니다. 세상의 양식은 일시적인 힘만을 제공할 뿐이지만, 예수님을 믿고 영접한 사람은 그분 안에 있는 풍성한 생명의 자원을 누리게 됩니다. 돈과 명예와 권력으로 살 수 없는 풍성한 생명력이 예수님 안에 있습니다.

세 번째로, 예수님은 자신이 '세상의 빛'이라고 말씀하셨습니다.

> "예수께서 또 말씀하여 이르시되 나는 세상의 빛이니 나를 따르는 자는

"어둠에 다니지 아니하고 생명의 빛을 얻으리라" (요한복음 8:12)

어두운 길을 걸어보신 적이 있으십니까? 가로등 하나 없는 어두운 도로 위를 운전해보신 적이 있으십니까? 길을 비추는 빛이 없이는 어느 누구도 바른 길을 찾아 갈 수 없습니다. 넘어져 다치거나 큰 사고를 당할 수밖에 없습니다.

예수님은 어둡고 죄 많은 세상에 빛으로 오셨습니다. 어둠 가운데 있던 우리를 비춰주셨습니다. 죄악의 구렁에서 나와 빛으로 향해 갈 수 있는 길을 열어주셨습니다. 예수 그리스도를 모시고 살아가는 삶에는 어둠이 있을 수 없습니다. 밝은 빛만 있습니다. 어디서나 예수님과 함께 빛나는 인생을 살 수 있습니다.

네 번째로, 예수님은 자신을 '양의 문'이라고 말씀하셨습니다.

"그러므로 예수께서 다시 이르시되 내가 진실로 진실로 너희에게 말하노니 나는 양의 문이라" (요한복음 10:7)

양의 무리 안으로 들어가는 유일한 문이 예수님이라는 것입니다. 쉽게 말해 예수님을 통해서만 천국에 들어갈 수 있다는 말씀입니다.

예수님은 요한복음 14장 6절에 "내가 곧 길이요 진리요 생명이니 나로 말미암지 않고는 아버지께로 올 자가 없느니라" 라고 말씀하셨습니다. 영어 성경에는 'I am the way, the truth, and the life'로 정관사 'The'가 붙어 있습니다. '바로 그 길, 유일한 길'이라는 것입니다.

어떤 사람들은 천국에 가는 길이 여러 개 있다고 말합니다. 불교를 통해서 갈 수도 있고, 힌두교를 통해서 갈 수도 있다고 주장합니다. 정말 그렇게 여러 길을 통해 천국에 갈 수 있다면 얼마나 좋겠습니까? 그러나 성경은 그렇게 말씀하지 않습니다. 천국으로 갈 수 있는 유일한 길은 예수님 외에 없다고 말씀하십니다.

다섯 번째로, 예수님은 자신이 '선한 목자'라고 말씀하셨습니다.

> "나는 선한 목자라 선한 목자는 양들을 위하여 목숨을 버리거니와" (요한복음 10:11)

선한 목자는 양을 잃어버렸을 때 그냥 버려두지 않습니다. 반드시 여기저기 찾아 헤맵니다. 때로는 양들을 지키기 위해 맹수들과도 싸웁니다. 위기에 빠진 양이 있다면 반드시 구해냅니다. 양을 위해 자신의 목숨을 드리는 것이 선한 목자입니다.

여섯 번째로, 예수님은 자신이 '부활'이라고 말씀하셨습니다.

> "예수께서 가라사대 나는 부활이요 생명이니 나를 믿는 자는 죽어도 살겠고" (요한복음 11:25)

예수님은 죽음의 권세를 이기셨습니다. 죽음이 예수님을 가둬두지 못했습니다. 예수님 안에 있는 생명의 힘이 죽음의 권세를 이기신 것입니다.

예수님을 믿는 자들은 죽어도 죽지 않습니다. 죽음이 가둬두지 못합니다. 예수님의 생명이 우리 안에 있기 때문입니다. 언젠가 우리도 죽음의 문을 통과하여 예수 그리스도로 말미암는 부활의 생명을 얻게 될 것입니다.

일곱 번째로, 예수님은 자신이 '참 포도나무'라고 말씀하셨습니다.

> "내가 참 포도나무요 내 아버지는 농부라" (요한복음 15:1)

예수님은 참 포도나무이십니다. '참'이라는 수식어가 붙었다는 것을 주목해야 합니다. 포도나무는 이스라엘을 비유하는 단어입니다. 이스라엘은 하나님의 포도나무로 좋은 열매를 맺었어야 했지만 전부 실패했습니다. 그러나 예수님은 하나님께서 기뻐하시는 극상품 열매를 맺어드린 참 포도나무셨습니다.

우리는 가지일 뿐입니다. 하나님께서 인정하시는 참 포도나무이신 예수님께 붙어있을 때만이 생명력을 공급받을 수 있습니다. 아무리 좋은 가지라도 예수님께 붙어있지 않으면 곧 말라버릴 뿐입니다. 우리의 삶이, 생각이, 가치관이 예수님께 붙어 있어야 합니다. 예수님께로부터 참 생명의 기운을 공급받을 때 풍성한 삶을 살 수 있습니다.

예수님은 왜 오셨는가?

첫 번째로, 예수님은 풍성한 생명을 주시기 위해 오셨습니다.
성경은 예수님이 우리에게 생명을 주되 풍성히 주시기 위해 오셨다고 말씀합니다. 그렇다면 주님이 우리에게 주시고자 하신 그 풍성한 생명은 어떤 것일까요?

> "하나님이 세상을 이처럼 사랑하사 독생자를 주셨으니 이는 그를 믿는 자마다 멸망하지 않고 영생을 얻게 하려 하심이라" (요한복음 3:16)

예수님께서 주시고자 하신 풍성한 생명은 바로 영생입니다. 영원한 생명 말입니다. 문자적인 의미 그대로 죽지 않고 영원히 사는 삶이나 죽음을 이긴 삶이라 할 수도 있지만, 더 정확한 의미는 '신적인 생명'이라 할 수 있습니다.

하나님의 생명에 참여한 자 다운 삶을 살게 된다는 것입니다. 그것이 바로 하나님의 백성들이 이 땅에서 누리게 되는 삶입니다. 주님은 그것을 위해 오셨고, 그 일을 이루셨고, 우리에게 선물로 주셨습니다.

두 번째로, 예수님은 세상을 구원하시기 위해 오셨습니다.

> "하나님이 그 아들을 세상에 보내신 것은 세상을 심판하려 하심이 아니요 저로 말미암아 세상이 구원을 받게 하려 하심이라" (요한복음 3:17)

예수님은 세상을 심판하러 오신 것이 아니라, 세상을 구원하시기 위해 오셨습니다. 구원이 무엇입니까? 쉬운 말로 건져내는 것입니다. 영원한 사망으로부터, 지옥의 형벌로부터, 저주와 가난으로부터, 질병으로부터, 세상의 고민과 염려와 걱정으로부터 우리를 건져내시기 위해 주님이 이 땅에 오신 것입니다.

그렇기에 주님 안에 있는 사람은 세상의 고민과 염려에 짓눌려 있지 않습니다. 저주와 가난, 질병의 고통 속에서도 구원의 주님으로 인해 웃을 수 있고 행복할 수 있습니다.

세상은 그런 삶을 이해할 수 없고 따라 할 수도 없습니다. 어떻게 그런 상황 속에서도 웃을 수 있냐고 의아해할 뿐입니다. 주님 안에 있는 사람만이 살아낼 수 있는 삶입니다. 항상 평안과 기쁨, 즐거움과 유쾌함 가운데 살 수 있습니다.

세 번째로, 주님은 죄인을 부르러 오셨습니다.

> "너희는 가서 내가 긍휼을 원하고 제사를 원하지 아니하노라 하신 뜻이 무엇인지 배우라 나는 의인을 부르러 온 것이 아니요 죄인을 부르러 왔노라 하시니라" (마태복음 9:13)

예수님이 죄인을 부르러 오셨다는 것이 얼마나 큰 위로이며 기쁨인지 모릅니다. 성경은 의인은 없나니 하나도 없다고 말씀하십니다. 예수님께서 의인을 부르러 오셨다면 부르실 사람이 아무도 없습니다. 죄인을 부르러 오셨기 때문에 우리와 같은 죄인도 그분께 가까이 나아갈 수 있게 된 것입니다.

어떤 유명한 화가가 있었습니다. 이 화가는 한 도시의 모습을 있는 그대로 화폭에 담아 오래 간직하고 싶었습니다. 무엇을 그릴까 생각하던 중 도시 안에 아주 남루한 거지차림의 한 소년을 발견하고 그 소년의 모습을 남겨 놓기로 결심했습니다.

화가는 소년에게 은화를 줄 테니 그림의 모델이 되어달라고 했습니다. 소년은 그 제안을 받아들였습니다. 화가는 소년과 다음 날 다시 만나기로 약속하고 헤어졌습니다.

거지 소년은 은화를 받을 생각에 너무나도 기뻤습니다. 내일이 오기만을 기다렸습니다. 드디어 아침이 밝았고, 소년은 열심히 세수를 하고 나름대로 자신을 치장한 다음 화가의 집에 가서 벨을 눌렀습니다.

벨소리를 들은 화가가 나왔습니다. 화가는 소년을 알아보지 못했습니다. 어제 그 모습 그대로 오지 않았기 때문입니다. 화가가 그리고 싶었던 것은 남루한 모습의 소년이었기에 결국 소년은 은화를 받지 못하고 집으로 돌아가야 했습니다.

이 이야기가 말하고 있는 것이 무엇입니까? 주님은 우리가 그분께 나아갈 때 있는 모습 그대로 나아오길 원하십니다. 애써 죄를 가리고 지울 필요 없습니다. 아닌 척, 의로운 척 할 필요가 전혀 없습니다. 죄인 된 모습 그대로 주님 앞에 나아오길 원하십니다.

연약한 모습 그대로, 저주받은 모습 그대로, 가난하고 병든 모습 그대로 주님께 나오면 그분이 우리를 싸매어 주시고, 씻어주시고, 치유해주십니다. 어떤 죄라도 용서하십니다. 예수님은 그것 때문에 오셨기 때문입니다.

네 번째로, 주님은 섬기기 위해 오셨습니다.

> "인자가 온 것은 섬김을 받으려 함이 아니라 도리어 섬기려 하고 자기 목숨을 많은 사람의 대속물로 주려 함이니라" (마가복음 10:45)

예수님은 대접받기 위해 오신 것이 아닙니다. 그분은 섬기되 자기 목숨을 주시기까지 섬기러 오셨습니다. 신앙생활의 궁극적인 목적이 무엇입니까? 예수님을 닮아가는 것입니다. 그렇다면 예수님을 닮기 위해 어떻게 해야 합니까? 섬김의 자리로 가야 합니다.

섬김을 받는 자리에는 예수님이 계시지 않습니다. 예수님은 섬기러 오셨기 때문에 섬기는 자리에 가야 예수님을 만날 수 있습니다. 예수님은 마구간에 오셨습니다. 발에 가축의 오물을 묻힐 각오를 하고 마구간에 가야 예수님을 만날 수 있습니다. 화려한 카펫이 있는 자리에는 예수님이 계시지 않습니다.

그런데 우리는 너무 화려한 것만을 좋아합니다. 근사한 장식이 있고 고급

스런 빌라를 좋아합니다. 사회적으로 유명한 사람들이 모여 있는 곳에 초대받기를 좋아하고, 모두가 부러워할만한 곳에 머물기를 좋아합니다. 섬 길거리가 있는 곳이 아니라 극진히 섬김을 받는 자리에 가길 기뻐합니다. 그러나 그런 곳에 주님은 계시지 않습니다. 가난한 이들이 있는 곳, 낮은 자리에 주님이 계십니다.

다섯 번째로, 주님은 우리가 빛에 거하게 하시기 위해 오셨습니다.

> "나는 빛으로 세상에 왔나니 무릇 나를 믿는 자로 어둠에 거하지 않게 하려 함이로라" (요한복음 12:46)

여섯 번째로, 주님은 율법을 완성하러 오셨습니다.

> "내가 율법이나 선지자를 폐하러 온 줄로 생각하지 말라 폐하러 온 것이 아니요 완전하게 하려 함이라" (마태복음 5:17)

일곱 번째로, 예수님은 검을 주러 오셨습니다.

> "내가 세상에 화평을 주러 온 줄로 생각하지 말라 화평이 아니요 검을 주러 왔노라 내가 온 것은 사람이 그 아버지와, 딸이 어머니와, 며느리가 시어머니와 불화하게 하려 함이니" (마태복음 10:34-35)

예수님은 이 땅에 평화를 주러 오셨습니까, 불화하게 하러 오셨습니까? 둘 다입니다. 주님은 우리에게 평안을 주신다고도 하셨습니다. 그러나 주님이 주시는 평안은 세상이 주는 것과 같지 않다고 하셨습니다. 주님이 주시는 평안을 갖고 살아가는 사람들은 세상의 가치관을 갖고 살아가는 사람들과 충돌이 일어나게 되어 있습니다.

가령 예수님을 믿어 우상을 숭배하지 않는 사람이 있다고 합시다. 그런데 우상을 숭배하는 그의 아버지나 어머니가 우상 숭배를 강요한다면, 그때는 충돌이 일어날 수밖에 없는 것입니다.

동성애 동성혼을 보는 다양한 견해가 있습니다. 기독교 안에서도 의견이 나뉘고 있습니다. 선천적으로 동성애적인 성적 성향을 갖고 태어났으니 인정해줘야 한다는 사람들도 있습니다. 그러나 잘 생각해 보십시오. 그것은 성적 성향이 아니라, 죄의 성향입니다. 죄인으로 태어나는 인간의 비뚤어진 죄성이 발현된 것입니다.

만약 그런 논리라면 이렇게 주장하는 사람의 의견도 수용되어야 합니다. "나는 좋은 것을 보면 갖고 싶어 하는 성향을 갖고 태어났으니 도둑질해도 죄인 취급하지 말고 정당한 사람으로 인정해 달라"

사랑하는 여러분 성경이 유일한 기준이 되어야 합니다. 성경은 남자와 여자 외에 인정하지 않고, 남자와 여자가 결혼하여 이루는 가정만을 진정한 가정으로 인정합니다. 그러한 가치관과 맞지 않다면 충돌이 일어날 수밖에 없습니다. 불화가 생길 수밖에 없는 것입니다.

여덟 번째로, 예수님은 우리가 구하는 것을 받게 하시기 위해 오셨습니다.

> "너희가 나를 택한 것이 아니요 내가 너희를 택하여 세웠나니 이는 너희로 가서 열매를 맺게 하고 또 너희 열매가 항상 있게 하여 내 이름으로 아버지께 무엇을 구하든지 다 받게 하려 함이라" (요한복음 15:16)

아홉 번째로, 예수님은 우리가 서로 사랑하는 삶을 살게 하시기 위해 오셨습니다.

> "내가 이것을 너희에게 명함은 너희로 서로 사랑하게 하려함이로라" (요한복음 15:17)

예수님은 우리가 생명을 얻되 풍성히 얻게 하시기 위해 오셨습니다. 예수님 안에 풍성한 생명이 있습니다. 예수님을 믿고 영접할 때 그 생명을 소유할 수 있습니다. 자기 자신만을 위한 삶이 아닌 예수님이 이 땅에서 보여주신 하나님의 아들로서의 모습 그대로의 삶을 살아갈 수 있습니다.

풍성한 생명을 얻고, 또 다른 누군가에게도 그 생명력을 나눠줄 수 있는 삶을 사시길 바랍니다.

'풍성한 생명이 있는 삶'에 대해 생각해보기

01. 풍성한 삶은 무엇입니까? 세상에서 말하는 풍성한 삶은 어떤 삶입니까?

02. 성경은 예수님이 어떤 분이라고 말씀하십니까, 그분이 오신 목적은 무엇입니까?

03. 예수님이 주시고자 하는 풍성한 삶은 어떤 삶입니까?

04. 성경이 말씀하는 풍성한 삶을 살기 위해 내가 실천할 수 있는 일은 무엇입니까?

■ 암송구절 - 요한복음 10:10

2부

복음,
인생에 살다

chapter 05

마지막을
준비하는
인생

"너희가 그 때에 무슨 열매를 얻었느냐 이제는 너희가 그 일을 부끄러워하나니 이는 그 마지막이 사망임이라 그러나 이제는 너희가 죄로부터 해방되고 하나님께 종이 되어 거룩함에 이르는 열매를 맺었으니 그 마지막은 영생이라 죄의 삯은 사망이요 하나님의 은사는 그리스도 예수 우리 주 안에 있는 영생이니라" (로마서 6:21-23)

마지막을 준비하는 인생

김진원 시인이 쓴 '멋진 항아리의 지혜'라는 글이 있습니다. "어떤 사람이 양 어깨에 지게를 지고 물을 날랐다. 오른쪽과 왼쪽에 각각 하나씩의 항아리가 있었다. 그런데 왼쪽 항아리는 금이 간 항아리였다. 물을 가득 채워서 출발했지만 집에 오면 왼쪽 항아리의 물은 반쯤 비어 있었다. 금이 갔기 때문이다. 반면에 오른쪽 항아리는 가득 찬 모습 그대로였다. 왼쪽 항아리는 주인에게 너무 미안한 마음이 들었다. 그래서 주인에게 요청했다. '주인님, 나 때문에 항상 일을 두 번씩 하는 것 같아서 죄송해요. 금이 간 나 같은 항아리는 버리고 새것으로 쓰세요.' 그때 주인이 금이 간 항아리에게 말했다. '나도 네가 금이 간 항아리라는 것을 알고 있단다. 네가 금이 간 것을 알면서도 일부러 바꾸지 않는단다. 우리가 지나온 길 양쪽을 바라보아라. 물 한 방울 흘리지 않은 오른쪽 길에는 아무 생명도 자라지 못하는 황무지이지만 왼쪽에는 아름다운 꽃과 풀이 무성하게 자라지 않니? 너는 금이 갔지만, 너로 인해서 많은 생명이 자라나는 모습이 아름답지 않니? 나는 그 생명을 보며 즐긴단다.' 많은 사람들이 완벽함을 추구한다. 자신의 금이 간 모습을 수치스럽게 여긴다. 어떤 때는 자신을 가치 없는 존재로 여겨 낙심에 빠질 때도 있다. 그러나 오히려 세상이 삭막하게 되는 것은 금이 간 인생 때문이 아니라, 너무 완벽한 사람들 때문이다."

혹여 우리는 금이 간 남편으로, 또 아내로 살고 있는 건 아닌지 모르겠습니다. 금이 간 아빠 엄마가 되어 아이들에게 얼마나 큰 상처를 주는지도 모르겠습니다. 금이 간 자식으로서 부모를 힘들게 하며 세상을 어렵게 하는지도 모르겠습니다. 그러나 그것은 결코 어렵게 하는 것이 아니라 세상을 아름답게 만들고 꽃 피게 하는 것입니다.

우리 가운데 회사에서 오너로 있거나 상사로 있으면서 금이 간 사람이 있을 것입니다. 그러나 금이 좀 가고, 홈이 있으면 어떻습니까. 틈이 있고 모가 나면 어떻습니까? 좀 부족하면 어떻습니까? 예수 그리스도를 구주와 주님으로 모시고, 천국에 소망을 두고, 상대의 약점을 먼저 이해하고 용납하며 먼저 사과하십시오. 그리고 용서해 주십시오. 그러면 세상은 얼마든지 더 아름답게 될 것입니다.

오래 살면 행복할까?

일백이십 년을 살다 하나님의 부르심을 받은 하나님의 사람 모세는 시편 90편 10절에서 이렇게 이야기합니다. "우리의 년수가 칠십이요 강건하면 팔십이라도 그 년수의 자랑은 수고와 슬픔뿐이요 신속히 가니 우리가 날아가나이다." 그리고 이어지는 12절에서는 "우리에게 우리 날 계수함을 가르치사 지혜의 마음을 얻게 하소서"라고 이야기합니다.

우리 삶의 날이 얼마나 될지 우리나라 사람들의 평균 수명을 조사해봤습니다. 조선 초기에 우리나라 남자의 평균 수명은 22세, 여자는 25세였습니다. 400년이 지나고 난 뒤 조선 말기에는 남자 40세, 여자 48세로 늘어났습니다. 조선 시대 27명의 왕이 있었는데, 그 중에 가장 오래 산 사람이 81년 5개월을 산 영조입니다. 태조 이성계가 두 번째로 오래 살았는데, 72세를 살았습니다. 70세 이상 산 왕은 27명 가운데 2명밖에 없습니다. 왕들의 평균 수명은 단종을 빼면 47.3세, 단종을 포함하면 46세밖에 되지 않았습니다. 60세 이상 산 사람은 20%도 되지 못합니다. 얼마나 수명이 짧았는지 모릅니다.

1971년에 우리나라 남자의 평균 수명이 59세이고, 여자는 66세였습니다. 1981년에는 남자가 62.3세, 여자가 70.5세였습니다. 2011년에는 남자 77.6세, 여자 84.4세가 됩니다. 점점 평균 수명이 증가하고 있습니다. 더 오래 살게 되었다는 것입니다.

세계보건기구(WHO)와 영국의 임페리얼 칼리지가 OECD(경제협력개발기구) 35개 회원국의 기대 수명을 분석했습니다. 그런데 놀라운 사실이 밝혀졌습니다. 2030년에 태어나는 사람들 중, 전 세계에서 가장 오래 살 사람이 대한민국 사람이라고 합니다. 기대 수명이 남자가 84.1세, 여자가 90.8세로 모두 세계 제1위라고 합니다.

그런데 좋아만 할 수는 없습니다. 세계에서 제일 오래 살기는 하지만, 경제 수명은 77세라고 합니다. 게다가 행복 수명은 74.6세라고 합니다. 경제적으로 곤궁하고 어렵게 살아가는 삶, 행복하지 않은 노후를 보낼 가능성이 상당이 높다는 말입니다. 건강 수명은 남자가 73.6세, 여자가 81.3세입니다. 약 10년 정도는 건강도 안 좋게 산다는 것입니다. 건강하지 못하고, 가난하고, 행복하지 못한 삶을 살 수도 있습니다. 오래 사는 게 꼭 좋은 것만은 아닐 수도 있다는 것입니다.

한국, 미국, 일본, 영국, 독일 등 이 다섯 나라를 중심으로 조사를 해봤더니 죽을 때 부동산을 제일 많이 남겨놓고 죽는 사람이 대한민국 사람이라고 합니다. 자기는 돈을 안 쓰고 자녀들에게 부동산을 남겨주는데, 그것 때문에 자녀들이 서로 싸우는 모습만 보다가 떠나는 사람이 한국 사람이라는 것입니다.

현찰로 갖고 있는 돈이 가장 적은 사람도 한국 사람이라고 합니다. 자기는 별로 안 쓰고 부동산에 묻어 두는 것입니다. 노후에 연금을 제일 적게 받는 사람도 한국 사람이라고 합니다. 그러면 행복하게는 살아가느냐? 그렇지 않습니다. 행복 수명을 따져보면 가장 불행하게 살아가는 사람이 한국 사람이라고 합니다.

2016년도에 출생한 아이를 기준으로 한국인의 기대 수명은 여성이 85.4세, 남성은 79.3세입니다. OECD국가 가운데서 여자는 2.3년, 남자는

1.4년을 더 오래 사는데, 문제는 오래 사는 그 기간만큼 고통을 더 받는 다는 것입니다.

마지막을 준비하는 지혜

모세가 '우리 날 계수함을 가르치사' 지혜의 마음을 얻게 해달라고 기도하였는데, 인생을 80년이라고 치고 따져본다면 지금 70세를 살고 있는 사람은 10년 남았다는 이야기입니다. 80세 이상 된 사람은 덤으로 사는 것입니다. 쉽게 말하면 70세 된 사람이 80세를 산다고 해도, 앞으로 10년 더 사는 것입니다. 10년이라는 세월이 별 것 아닙니다. 개나리, 진달래 10번만 피면 지나갑니다. 가나안 농군 학교 식으로 표현하면 고구마 10번만 캐면 지나가는 것이고, 옥수수 10번만 꺾으면 가는 것입니다. 인생 10년 금방 지나갑니다.

전도서 기자는 우리에게 이렇게 말씀합니다.

> "좋은 이름이 좋은 기름보다 낫고 죽는 날이 출생하는 날보다 나으며 초상집에 가는 것이 잔칫집에 가는 것보다 나으니 모든 사람의 끝이 이와 같이 됨이라 산 자는 이것을 그의 마음에 둘지어다 슬픔이 웃음보다 나음은 얼굴에 근심하는 것이 마음에 유익하기 때문이니라 지혜자의 마음은 초상집에 있으되 우매한 자의 마음은 혼인집에 있느니라" (전도서 7:1-4)

'좋은 이름'이란 무엇을 말합니까? 생전에 지혜롭고 인자한 성품으로 살아서 후대에 아름답게 이름을 남기는 것을 의미합니다. '좋은 기름'이란 말은 이생에서는 큰 이익을 얻고, 즐거움을 누리고, 명성을 얻지만 떠날 때에는 아름답지 못하게 떠나는 것을 의미합니다. 그래서 전도서 기자는 좋은 기름보다 좋은 이름을 남기는 게 훨씬 낫다고 말하는 것입니다.

'초상집에 가는 것이 잔칫집에 가는 것보다 나으니 모든 사람의 끝이 이와 같이 됨이라' 초상집에 가는 것이 잔칫집에 가는 것보다 낫다고 합니다. 왜 그렇습니까? 죽음은 만인의 공도이며, 초상 날은 누구에게나 찾아오기 때문입니다.

잔칫집에 가는 사람은 어떻습니까? 이사야는 이렇게 말합니다.

> "아침에 일찍이 일어나 독주를 마시며 밤이 깊도록 포도주에 취하는 자들은 화 있을진저 그들이 연회에는 수금과 비파와 소고와 피리와 포도주를 갖추었어도 여호와께서 행하시는 일에 관심을 두지 아니하며 그의 손으로 하신 일을 보지 아니하는도다" (이사야 5:11-12)

하나님께서 행하신 일, 하나님의 일에 대해서는 관심이 없고 오직 술 마시고, 쾌락과 즐거움 가운데서 인생을 살아가는 것은 올바른 인생살이가 아니라는 것입니다. 그렇습니다. 참으로 지혜로운 사람은 내일이 없는 그날을 준비하는 사람입니다. 건강이 좀 심각하게 좋지 않거나 몸이 아파 몇 일간만 병원에 입원하게 되면 어떤 마음이 듭니까? 돈 그거 별 거 아니다. 세상에 명예 권력 별거 아니다. 금방 그런 생각이 듭니다. 그런데 건강을 회복해서 퇴원하면 금방 잊어버립니다. 금세 또 돈 때문에 아옹다옹하며 살아갑니다.

그러기에 잔칫집에서의 환락과 즐거움, 그리고 순간적인 흥분을 즐기기보다는 이별의 슬픔이 지배하고 있는 초상집에 가는 것이 더 낫습니다. 피할 수 없는 죽음의 날 도대체 어떻게 되는지 미리 가서 볼 수 있는 곳이기 때문입니다. 연민과 동정심, 삶과 죽음에 대한 심각성을 느끼고 죽음을 준비할 수 있게 해주기 때문에 초상집에 가는 것이 지혜롭다고 하는 것입니다.

오메가 포인트

"보라 내가 속히 오리니 내가 줄 상이 내게 있어 각 사람에게 그가 행한 대로 갚아 주리라 나는 알파와 오메가요 처음과 마지막이요 시작과 마침이라"(요한계시록 22:12-13)

"보좌에 앉으신 이가 이르시되 보라 내가 만물을 새롭게 하노라 하시고 또 이르시되 이 말은 신실하고 참되니 기록하라 하시고 또 내게 말씀하시되 이루었도다 나는 알파와 오메가요 처음과 마지막이라 내가 생명수 샘물을 목마른 자에게 값없이 주리니 이기는 자는 이것들을 상속으로 받으리라 나는 그의 하나님이 되고 그는 내 아들이 되리라 그러나 두려워하는 자들과 믿지 아니하는 자들과 흉악한 자들과 살인자들과 음행하는 자들과 점술가들과 우상 숭배자들과 거짓말하는 모든 자들은

불과 유황으로 타는 못에 던져지리니 이것이 둘째 사망이라" (요한계시록 21:5-8)

태초에 하나님이 계셨습니다. 하나님은 영원하신 분이십니다. 그 하나님께서 천지만물을 지으시고 사람을 만드셨습니다. 하나님은 자신이 알파라고 하셨습니다. 모든 것을 시작하신 분이라는 선포입니다. 하나님께서는 지금도 온 우주만물을 운행하시고, 통치하시고, 다스리십니다.

또한 하나님은 나중이 되십니다. 다시 말하면 모든 것의 종말을 고하는 분이라는 것입니다. 어느 날 죽음을 맞이하는 것, 그것은 개인적인 종말입니다. 개인적인 종말이 임하지 않아도, 어느 날 하나님께서 온 우주만물의 마지막 날을 정하시면 종말이 임할 수 있다는 것입니다. 그분이 나중 되시기 때문입니다.

하나님께서 모든 것을 끝내십니다. 그분이 오메가이십니다. 우리의 인생을 시작하게 하신 분도 하나님이시고, 끝나게 하시는 분도 하나님이십니다. 인명재천입니다. 우리의 생명은 하늘에 달려 있습니다. 하나님이 부르시면, 오늘 아무리 건강하던 사람도 떠나가야 합니다. 어린아이도 갈 수 있습니다. 올 때는 할아버지, 아버지, 아들, 손자 순으로 옵니다. 올 때는 주민등록번호가 있습니다. 하지만 갈 때는 그 번호대로 가는 것이 아닙니다.

모든 것이 끝나는 그 순간이 바로 오메가 포인트입니다. 하나님께서 나의 삶을 정리 하시고 부르시거나, 하나님께서 온 우주만물의 역사를 마감하시고 끝내시는 그 순간이 바로 오메가 포인트, 최후의 순간입니다. 우리가 역사를 통하여 가장 확실하고 생생하게 배우는 교훈은 우리 모두가 반드시 마지막 날을 맞이한다는 것입니다. 그 누구도, 어떤 부유한 사람도, 어떤 높은 사람도 영원히 살 수 있는 사람은 없습니다. 마지막은 반드시 옵니다. 오메가가 있습니다. 황제의 권세도, 제국의 영광도, 부자도, 나라도, 기업도, 모임도, 단체도, 그 어떤 무엇도, 그 어떤 사람도 끝을 피할 수는 없습니다. 개인이 죽음을 맞게 되든지 하나님께서 마지막 심판하시는 그 날이 오든지 반드시 오메가 포인트를 만나게 됩니다.

> "너희가 그때에 무슨 열매를 얻었느냐 이제는 너희가 그 일을 부끄러워하나니 이는 그 마지막이 사망임이라 그러나 이제는 너희가 죄로부터 해방되고 하나님께 종이 되어 거룩함에 이르는 열매를 맺었으니 그 마지막은 영생이라" (로마서 6:21-22)

21절에 그 마지막은 사망이라고 하고, 22절에 이 마지막은 영생이라고 합니다. 이 마지막과 그 마지막이 극명한 대조를 이루고 있습니다. 그 마지막은 사망이고 이 마지막은 영생이라고 말하고 있습니다. 생명이냐, 사망이냐가 오메가 포인트에 결정됩니다. 생명과 사망을 나누는 기준이 무엇입니까?

> "죄의 삯은 사망이요 하나님의 은사는 그리스도 예수 우리 주 안에 있는 영생이니라" (로마서 6:23)

이어지는 23절을 보면 죄의 마지막은 사망이라고 하는 반면, 예수님 안에서의 마지막은 영생이라고 말하고 있습니다. 그것이 오메가 포인트를 결정짓는 유일한 기준입니다.

헬라어 알파벳을 보면 알파로 시작하고, 오메가로 끝납니다. 영어 알파벳이 A부터 시작해서 Z로 끝나는 것처럼, 헬라어도 알파 베타 감마 델타… 계속 이어지다가 마지막 오메가로 끝납니다. 인생의 처음이라 할 수 있는 출생이 알파라면, 인생의 마지막이라 할 수 있는 죽음은 오메가입니다. 한국말로 하자면 기역, 니은, 디귿, 리을, 마지막 히읗. 출생이 기역이라면, 히읗은 죽음입니다. 출생이 중요하고 피읖까지 어떻게 사느냐도 중요하지만, 가장 중요한 것은 바로 '히읗'의 순간입니다. 알파부터 푸시까지가 중요하지만, 더 중요한 것은 바로 오메가의 순간에 어떻게 되느냐? 입니다.

그 오메가의 순간에 영생을 얻는다면, 알파부터 푸시까지는 좀 힘들고 어려워도 견딜만합니다. 그러나 알파부터 오메가 직전 푸시까지 아무리 휘황찬란하고, 멋지고, 근사하고, 부유하고, 높은 자리에 올라 모든 걸 다 가지고 있었어도 마지막 오메가의 순간에 지옥으로 간다면 가장 불쌍한 인생입니다.

정말 가난하게 태어나 어렵고 힘들게 살고, 평생을 질병 가운데 고통스런 삶을 살아도, 마지막 순간에 영원한 하나님 나라에 들어간다면 그 인생이야말로 복 있는 인생입니다. 그러나 아무리 부유하게 태어나고, 아무리 멋지고 근사하게 살고, 남들에게 크게 존경받는 삶을 살아도, 마지막 순간에 영원한 지옥에 간다면 그 인생은 저주받은 인생입니다.

시작은 미약하였으나 나중은 창대한 삶이 있는가 하면, 시작은 거창하고 창대하지만 나중은 심히 초라한 용두사미의 삶이 있습니다. 그런 용두사미의 인생이 아니라 처음 시작은 보잘 것 없고, 하찮고, 미약하지만 나중은 심히 창대한 인생이 되어야 합니다. 인생의 마지막 순간, 바로 그 오메가 포인트에 영원한 하나님 나라의 열린 하늘 문을 바라보고 갈 수 있다면 가장 축복된 삶인 것입니다.

살아있는 동안에 부귀영화를 누리고, 높은 권좌에 앉아 온갖 세도를 다 부리며 산다 할지라도 마지막 순간에 지옥으로 간다면 모두가 부질없습니다. 살면서 모은 모든 돈과 보석, 물질, 부동산 아무것도 필요가 없습니다. 하지만 반대로 살아있는 동안에는 처절하게 살고, 가난과 질병 가운데 있고, 남들에게 멸시와 천대를 받는 것 같고 하잘 것 없는 일을 하는 것 같아도, 오메가 포인트에 영원하신 하나님의 품으로 천국으로 갈 수 있다면 그것이 복된 삶입니다.

오메가 포인트를 맞는 자세

사도행전 7장에 보게 되면 스데반의 이야기가 나옵니다. 그는 초대 예루살렘 교회가 급작스럽게 부흥할 때, 최초의 봉사자로 뽑힌 일곱 명의 봉사자 중 한 명이었습니다. 성령과 지혜가 충만한 사람들이 봉사자로 뽑혔습니다. 그들은 은혜와 권능도 충만했습니다. 그 중에 가장 먼저 뽑힌 사람이 스데반입니다. 그리고 빌립, 브로고로, 니가노르, 디몬, 바메나, 안디옥 사람 니골라까지 일곱 사람이 뽑혔습니다.

성경은 공회 중에 앉은 사람들이 스데반을 바라보았을 때, 그 얼굴이 천사의 얼굴과 같았다고 표현하고 있습니다. 얼마나 아름다운 표현입니까? 하지만 인간적인 시각으로 볼 때 그의 삶은 결코 아름다운 삶이라고 볼 수 없었습니다.

스데반은 하나님의 말씀을 전하였습니다. 아브라함으로부터 모세의 율법에 이르기까지, 그는 구약의 선지자들의 모든 예언을 통틀어서 예수 그리스도의 이 땅에 나심과 대속적 죽음, 그리고 그의 부활을 전했습니다. 그 모든 말씀을 전할 때에 스데반은 유대인들을 향해, "너희가 십자가에 못 박아 죽인 예수가 바로 그 메시아다"라고 말했습니다. 그 말을 듣고 사람들이 격분하여 스데반을 성 밖으로 끌고 가서 돌로 쳐서 죽였습니다. 아름다운 죽음입니까?

그러나 성경은 스데반의 죽음의 순간, 그의 오메가 포인트를 이렇게 표현하고 있습니다.

> "스데반이 성령 충만하여 하늘을 우러러 주목하여 하나님의 영광과 및 예수께서 하나님 우편에 서신 것을 보고" (사도행전 7:55)

스데반은 짧은 생애를 살았습니다. 젊은 날 집사로 피택되고, 첫 번째 설교가 문제가 되어 성문 밖에 끌려 나가 수많은 사람들이 던지는 돌에 맞아 처참하게 죽었습니다. 그러나 그는 죽음의 순간, 오메가 포인트에 이렇게 말합니다.

"내가 하늘을 우러러 주목하여 하나님의 영광과 및 예수께서 하나님 우편에 서신 것을 보노라!"

사도들의 신앙 고백인 사도신경에는 이렇게 기록되어 있습니다. "전능하사 천지를 만드신 하나님 아버지를 내가 믿사오며 그 외아들 우리 주 예수 그리스도를 믿사오니, 이는 성령으로 잉태하사 동정녀 마리아에게서 나시고 본디오 빌라도에게 고난을 받으사 십자가에 못 박혀 죽으시고, 장사한지 사흘 만에 죽은 자 가운데서 다시 살아나시며, 하늘에 오르사, 전능하신 하나님 보좌 우편에 앉아계시다가 저리로서 산 자와 죽은 자를 심판하러 오시리라"

사도신경은 하나님의 보좌 우편에 주님이 앉아 계신다고 말합니다. 그러나 스데반은 죽음의 순간에 하나님의 보좌 우편에 서 계신 예수 그리스도의 모습을 보았습니다. 자신을 맞이하시기 위해 서 계신 주님의 모습을 본 것입니다. 그리고 그는 뭐라고 기도합니까?

"그들이 돌로 스데반을 치니 스데반이 부르짖어 이르되 주 예수여 내 영혼을 받으시옵소서 하고" (사도행전 7:59)

그는 자신의 영혼을 주님께 의탁하는 기도를 드립니다. 그리고 또 크게 외칩니다.

> "무릎을 꿇고 크게 불러 가로되 주여 이 죄를 저들에게 돌리지 마옵소서" (사도행전 7:60)

자기에게 돌을 던지는 사람들을 위해 저들이 알지 못하고 저런 죄를 짓고 있으니 저들의 죄를 저들에게 돌리지 말아달라고 하나님께 기도합니다. 누군가를 많이 닮아 있습니다. 그렇습니다. 스데반의 오메가 포인트에 그는 예수님을 닮아 있다는 것을 알 수 있습니다.

디모데후서에 보면 사도 바울이 그의 믿음의 아들 디모데에게 보내는 유서와도 같은 편지에 자신의 마지막 모습을 이렇게 적고 있습니다.

> "전제와 같이 내가 벌써 부어지고 나의 떠날 시각이 가까웠도다" (디모데후서 4:6)

전제는 제물 위에 붓는 기름입니다. 기름처럼 자신이 부어졌다는 것입니다. 죽음의 날이 눈앞에 다가왔다는 것을 의미합니다. 그리고 바울은 계속해서 이야기합니다.

> "나는 선한 싸움을 싸우고 나의 달려갈 길을 마치고 믿음을 지켰으니 이제 후로는 나를 위하여 의의 면류관이 예비되었으므로 주 곧 의로우신 재판장이 그 날에 내게 주실 것이며 내게만 아니라 주의 나타나심을 사모하는 모든 자에게도니라" (디모데후서 4:7-8)

그는 죽음을 눈앞에 두고 자신을 위하여 준비된 면류관을 보고 있습니다. 내가 모아놓은 재산을 보며 죽는 게 아닙니다. 내가 지어놓은 집을 보며 죽는 것도 아닙니다. 내가 이뤄놓은 지위와 명성을 바라보고 죽는 것이 아니라, 하나님의 보좌 앞에 그분이 예비해 놓으신 면류관을 보며 오메가 포인트를 준비합니다.

요한계시록은 사도 요한이 밧모섬에 유배되어 있을 때의 모습을 기록하고 있는 책입니다. 계시록이란 말은 열어서 보여준다는 말입니다. 하나님께서 열어서 보여주셨습니다.

> "이 일 후에 내가 보니 하늘에 열린 문이 있는데 내가 들은 바 처음에 내게 말하던 나팔 소리 같은 그 음성이 이르되 이리로 올라오라 이 후에 마땅히 일어날 일들을 내가 네게 보이리라 하시더라" (요한계시록 4:1)

보십시오. 예수님의 열두 제자 가운데 가장 마지막까지 살았던 사람이 요한입니다. 그는 밧모라는 조그마한 섬에 유배되어 있었습니다. 그런데 어느 날 주일 아침에 환상이 보이는 것입니다. 그 환상에서 하늘에 문이 열려 있는 것을 보았습니다. 하늘로부터 음성이 들려왔습니다.

"너는 이리로 올라와라 내가 마땅히 될 일을 네게 보이리라"

요한은 하나님의 음성을 듣고, 열린 하늘 문을 보고 있습니다. 그것이 바로 요한의 오메가 포인트입니다.

> "또 내가 보니 보라 어린 양이 시온산에 섰고 그와 함께 십사만 사천이

> 서 있는데 그들의 이마에는 어린 양의 이름과 그 아버지의 이름을 쓴 것이 있더라" (요한계시록 14:1)

요한은 어린 양 예수 그리스도가 시온산에 서 있는 것을 보았습니다.

> "내가 하늘에서 나는 소리를 들으니 많은 물 소리와도 같고 큰 우렛소리와도 같은데 내가 들은 소리는 거문고 타는 자들이 그 거문고를 타는 것 같더라" (요한계시록 14:2)

요한의 마지막 순간, 그에겐 아름다운 멜로디가 들려옵니다.

> "또 내가 들으니 하늘에서 음성이 나서 이르되 기록하라 지금 이후로 주 안에서 죽는 자들은 복이 있도다 하시매 성령이 이르시되 그러하다 그들이 수고를 그치고 쉬리니 이는 그들의 행한 일이 따름이라 하시더라" (요한계시록 14:13)

주를 위해 살아가며 겪었던 고생과 어려움과 눈물과 고통에 대해 보상해주신다는 그 음성을 들으며 오메가 포인트를 맞이하고 있습니다.

오메가 포인트를 준비하라

대부분 예수 믿는 사람들이 돌아가실 때 보면, 평온한 가운데 주무시듯이 떠납니다. 그런데 간혹 이런 사람들이 있습니다. 죽음의 순간에 죽지 않으려고 갖은 애를 씁니다. 여러분들은 어떤 오메가 포인트를 갖기를 원하십니까? 주무시듯이 열린 하늘 문을 바라보며, 하나님의 보좌를 바라보며 떠나기를 원하십니까? 아니면 그저 떠나지 않으려고, 내가 모아놓은 것 다 쓰고 가야한다고 몸부림을 치며 가길 원하십니까? 물어보나 마나인 것 같지만, 의외로 죽음을 준비하지 않고 살아가는 미련한 인생들이 이 땅에 얼마나 많은지 모르겠습니다.

열린 하늘 문을 보며 오메가 포인트를 맞이하는 사람이 있는가 하면, 떠나기가 아쉬워 전전긍긍하며 괴롭게 죽음을 맞는 사람도 있습니다. 하나님의 음성을 들으며 오메가 포인트를 맞는 사람이 있는가 하면, 죽음의 공포와 불안 때문에 어쩔 줄 몰라 하며 인생을 마감하는 사람도 있습니다.

에스겔은 하늘의 열린 문을 보았습니다. 나다나엘도 하늘의 열린 문을 보았습니다. 우여곡절의 생을 살았지만 믿음의 조상 아브라함, 이삭, 야곱은 하나님 앞에 인정을 받는 삶을 살고 하나님의 나라로 옮겨갔습니다. 그러나 이 땅에서 부귀영화를 마음껏 누렸던 아합과 이세벨과 같은 사람은 업적은 많이 이루었지만, 처참한 최후를 맞이하고 말았습니다.

내 인생에 내일 없는 마지막 그날, 내 인생의 오메가 포인트가 올 것입니다. 그때 오늘 성경이 말하고 있는 열린 하늘 문을 바라보며, 하나님의 보좌를 바라보고, 하나님의 부드러운 음성을 들으며 떠날 수 있게 되기를 바랍니다.

'마지막을 준비하는 인생'에 대해 생각해보기

01. 죽음에 대해 고민해 보셨습니까? 나에게 죽음은 어떤 의미입니까?

02. 요한계시록은 예수님이 어떤 분이라고 말씀합니까?

03. 오메가 포인트란 무엇입니까, 성경은 오메가 포인트의 때에 무엇이 결정된다고 말씀합니까?

04. 오메가 포인트가 있음을 기억하며 오늘 내가 실천할 수 있는 일은 무엇입니까?

■ **암송구절** - 로마서 6:21-22

chapter 06

하나님의
음성에
귀 기울이는
인생

"디베료 황제가 통치한 지 열다섯 해 곧 본디오 빌라도가 유대의 총독으로, 헤롯이 갈릴리의 분봉 왕으로, 그 동생 빌립이 이두래와 드라고닛 지방의 분봉 왕으로, 루사니아가 아벨레네의 분봉 왕으로, 안나스와 가야바가 대제사장으로 있을 때에 하나님의 말씀이 빈 들에서 사가랴의 아들 요한에게 임한지라 요한이 요단 강 부근 각처에서 와서 죄 사함을 받게 하는 회개의 침례를 전파하니 선지자 이사야의 책에 쓴 바 광야에서 외치는 자의 소리가 있어 이르되 너희는 주의 길을 준비하라 그의 오실 길을 곧게 하라 모든 골짜기가 메워지고 모든 산과 작은 산이 낮아지고 굽은 것이 곧아지고 험한 길이 평탄하여 질 것이요 모든 육체가 하나님의 구원하심을 보리라 함과 같으리라" (누가복음 3:1-6)

하나님의 음성에 귀 기울이는 인생

성경에 '빈 들'이라는 단어는 총 7번 나옵니다. 구약성경에 1회, 신약성경에 6회 나옵니다. 누가복음에 보면 요한이 사람들에게 나오기 전에 빈 들에 있었습니다. 그는 빈 들에서 하나님의 말씀을 들었습니다.

빈 들과 유사한 단어인 '광야'는 신구약 성경 전체에 모두 259번 기록되었습니다. 구약성경에 224번, 신약성경에 35번 기록되어 있습니다. 광야는 아무도 살지 않는 땅, 풀이 자라지 않는 곳이라는 뜻입니다. 히브리어로는 '미드바르(מדבר)'인데, 그 동사형인 '다바르(דבר)'는 '선포하다, 말하다, 약속하다'라는 뜻도 가지고 있습니다.

다시 말하자면, 광야는 풀도 나무도 자라지 않는 곳인 동시에 하나님의 말씀을 듣는 장소라고 할 수 있습니다. 주변에 아무 것도 없습니다. 즐길 수 있는 그 무엇도 없습니다. 오로지 하나님과 자기 자신 외에는 없습니다. 광야에서는 세상의 소리가 들려오지 않습니다. 오직 하나님의 음성만 들릴 뿐입니다.

하나님의 음성이 들리는가?

많은 성도들이 하나님의 음성을 잘 듣지 못합니다. 왜 하나님의 음성을 듣지 못합니까? 간단합니다. 하나님의 음성에 귀를 기울이지 않기 때문입니다. 텔레비전에 푹 빠져 있는 사람, 이어폰을 끼고 스마트폰을 들여다보는 사람은 옆에서 뭐라고 해도 들리지 않습니다. 게임에 몰두하고 있는 아이는 옆에 가서 뭐하나 보고 있어도 눈치 채지 못합니다.

하나님의 음성이 들리지 않는 이유는 하나님 이외에 집중하고 귀 기울이는 것들이 너무나 많기 때문입니다. 이미 세상의 소리에 익숙해진 귀로 하나님의 음성을 분별하여 듣는다는 것은 불가능한 일입니다. 영적으로 둔감하고, 하나님께 주파수가 맞춰져있지 않으면 하나님의 음성이 들려오지 않는 것이 정상입니다.

"내 양은 내 음성을 들으며 나는 그들을 알며 그들은 나를 따르느니라"
(요한복음 10:27)

예수님은 내 양은 내 음성을 안다고 하셨습니다. 자녀는 부모의 목소리를 기억하며, 부르면 즉시 반응합니다. 부모의 목소리가 익숙하기 때문입니다. 우리가 정말 하나님의 자녀라면 하나님의 음성이 낯설면 안 됩니다. 늘 그 음성을 듣고 반응할 수 있어야 합니다.

과연 매일 매순간 주님의 음성을 들으며 살고 계십니까? 주님의 음성이 들리지 않음에도 불구하고 전혀 답답하지 않다면 문제가 있는 것입니다. 영적으로 심히 침체된 것입니다. 영혼이 병들어 있는 것이며 깊은 잠에 빠져있는 것인지도 모르겠습니다.

영적으로 둔감해진 엘리 제사장은 하나님의 음성을 듣지 못했습니다. 반면에 어린 소년에 불과했던 사무엘은 하나님의 음성을 들을 수 있었습니다. 요새로 말하면 목사는 하나님의 음성을 듣지 못하고, 주일학교 어린아이는 들은 것입니다. 하나님의 음성은 직분으로 듣는 것이 아닙니다. 맑은 영혼으로 주님의 음성에 귀 기울이는 사람이 들을 수 있는 것입니다.

성경 속 하나님의 사람들에게 있던 가장 두드러진 특징은 바로 하나님의 말씀을 들었다는 것입니다. 구약의 모든 선지자들은 하나님의 음성에 귀 밝은 사람들이었습니다.

> "이에 아브람이 여호와의 말씀을 따라갔고 롯도 그와 함께 갔으며 아브람이 하란을 떠날 때에 칠십오 세였더라" (창세기 12:4)

> "하나님이 모세에게 말씀하여 이르시되 나는 여호와이니라" (출애굽기 6:2)

성경에는 '여호와께서 모세에게 이르시되'라는 표현이 62번 나옵니다. '여호와께서 모세에게 가라사대'라는 표현은 102번 나옵니다. 두 표현은 같은 표현인데 모두 합하면 164번이나 됩니다.

신약성경에는 '예수님이 가라사대'라는 표현이 4복음서에만 227번 나옵니다. 예수님께서 끊임없이 제자들에게 말씀하셨다는 것입니다.

기드온이 하나님의 말씀을 들었습니다. 삼손의 아버지 마노아가 하나님의 음성을 들었습니다. 사무엘, 다윗, 솔로몬, 엘리야, 욥, 이사야, 예레미야, 에스겔, 호세아, 아모스, 요나, 스가랴, 학개, 말라기, 하박국, 미가 등 많은 하나님의 사람들이 하나님의 음성을 들었습니다.

주님은 우리에게 말씀하시는 분이십니다. 다만 우리의 영적 귀가 어두워져 그 음성을 듣지 못하는 것뿐입니다. 주님의 음성을 듣지 못한 채 살아가면서도 답답함을 느끼지 못하고 있다면 문제가 있는 것입니다.

빈 들의 요한에게 말씀이 임하다

"안나스와 가야바가 대제사장으로 있을 때에 하나님의 말씀이 빈 들에서 사가랴의 아들 요한에게 임한지라" (누가복음 3:2)

디베료 황제가 통치한 지 열다섯 해 되던 때에 하나님의 말씀이 사가랴의 아들 요한에게 임했다고 말씀합니다. 성경에는 '말씀이 ~에게 임하여'라는 표현이 87번이나 등장합니다.

디베료 황제의 공식 이름은 임페라토르 디베리우스 율리우스 카이사르 아우구스투스(Imperator Tiberius Julius Caesar Augustus)입니다. 초대 황제 아우구스토의 아들로서 로마의 2대 황제입니다. 예수님이 주로 활동하시던 시대에 로마의 황제로 있었던 인물입니다.

디베료 황제는 후대에 폭군으로 평가받고 있습니다. 23년 동안 통치했는데, 마지막 10년 동안은 카프리 섬에서 보냈습니다. 헤롯 왕은 디베료 황제를 기념해서 갈릴리 호수 서편에 디베랴 도시를 만들어 바쳤습니다. 그래서 디베랴 지역에서는 갈릴리 호수를 디베랴 바다라고 부릅니다.

> "디베료 황제가 통치한 지 열다섯 해 곧 본디오 빌라도가 유대의 총독으로, 헤롯이 갈릴리의 분봉 왕으로, 그 동생 빌립이 이두래와 드라고닛 지방의 분봉 왕으로, 루시아나가 아빌레네의 분봉 왕으로, 안나스와 가야바가 대제사장으로 있을 때에" (누가복음 3:1-2)

로마는 유대 지역에 총독을 보내 통치하게 했는데, 그게 바로 본디오 빌라도입니다. 그는 유대와 사마리아, 이두래를 통치한 5대 총독이었습니다.

그리고 헤롯이 갈릴리의 분봉 왕으로 있었습니다. 성경에는 헤롯이라는 인물이 여러 명 나옵니다. 여기 나오는 인물은 헤롯 대왕의 아들 '헤롯 안티파스'입니다. 분봉 왕은 왕국을 4개로 나누어 그 중 한 지역을 다스렸습니다. 오늘날 우리나라로 말하면 도지사에 해당하는 직급이라고 보면 됩니다.

가야바는 안나스의 사위입니다. 장인인 안나스가 대제사장을 지냈고, 사위인 가야바가 그 뒤를 이어 대제사장으로 있는 것입니다. 두 사람은 종교지도자들 중에서도 가장 높은 직급에 있는 사람들이었습니다.

그런데 하나님의 음성은 황제도, 총독도, 대제사장도 아닌 요한에게 임했습니다. 황실도, 왕궁도, 총독 관저나 성전도 아닌 빈 들에 있는 요한에게만 들렸다는 것입니다. 그 어떤 높은 지위의 사람이나 명문세도가의 사람이 아닌 빈 들의 사람, 광야의 사람 요한에게 하나님의 말씀이 임했습니다.

약대털 옷을 입고 메뚜기와 석청을 먹으면서 집도, 거처도, 친구도 없이 떠돌이 신세로 살아가고 있는 요한에게는 하나님의 말씀이 들렸는데 정작 높은 지위에 있는 사람들이나 대를 이어 제사장을 이어가고 있던 사람들에게는 들려오지 않았던 것입니다.

성경을 지식적으로 많이 안다고 하나님의 음성을 듣는 것이 아닙니다. 사람을 죽이고 살리는 힘이 있다고 해서 하나님의 음성이 임하는 것도 아닙니다. 권세나 재물이 있다고 하나님의 음성을 들을 수 있는 것도 아닙니다.

호화로운 황실이나 왕궁은커녕 집 한 칸 없는 사람, 아무 권세도 능력도 없는 사람, 메뚜기를 먹고 바위틈에 있는 꿀을 채취해 먹고 사는 사람에게 하나님의 음성이 들려왔습니다. 화려한 성전이 아닌 빈 들 메마른 광야에 있던 요한에게 들려왔습니다.

하나님은 아무도 주목하지 않는 곳, 그 누구도 예상치 못한 사람에게 말씀으로 임하셨습니다. 온 우주만물의 주권자가 하나님이시며, 세상 어떤 힘도 하나님을 자기 뜻대로 이용할 수 없음을 드러내셨습니다.

하나님의 음성은 어린아이 사무엘에게 들렸습니다. 하나님의 음성은 늙은 여호수아에게 들렸습니다. 처량한 목동 다윗에게 들렸고, 농부 아모스에게 들렸습니다. 도망치는 요나, 로템나무 아래 죽기를 구하는 엘리야, 평범한 시골 사람 마노아에게 들렸습니다.

하나님의 음성은 목회자들이나 들을 수 있다는 생각은 잘못된 생각입니다. 하나님을 사랑하여 그분의 음성에 귀 기울이는 사람, 영적으로 민감하여 하나님께 모든 주파수를 맞추고 사는 사람이 하나님의 음성을 들을 수 있습니다.

광야의 영적 의미

아름다운 들꽃, 각양각색의 곤충과 새들, 이름 모를 풀들이 있는 그런 곳은 광야가 아닙니다. 광야는 들개와 승냥이가 있는 곳입니다. 독사와 전갈, 이리와 늑대가 우글거리는 곳입니다. 그뿐 아닙니다. 밤낮의 기온 차이가 변화무쌍한 곳이며, 모래 바람과 폭풍이 휘몰아치는 곳입니다.

칼바람이 뼈 속 깊숙이 파고드는 곳이 광야입니다.

광야에는 기댈 곳이나 쉴 곳, 의지할 그 무엇도 없습니다. 끝없이 펼쳐진 황량한 들판만 있을 뿐입니다. 풀 한포기 물줄기 하나 없는 적적한 곳, 외롭고 쓸쓸하며 막막한 곳입니다.

비가 내려도 비를 피할 처마 하나도 없고, 세찬 눈보라가 몰려오고, 진눈깨비가 내려 음산한 냉기가 몸속을 파고들어도 따뜻한 옷 한 벌 얻어 입지 못하고 처량하게 살아가는 곳이 바로 광야입니다.

작열하는 태양 볕이 온 대지를 달구어도 그늘막 하나 없고, 허기진 배로 며칠을 굶어도 그 흔한 빵 한 조각 구할 구멍가게도 없는 곳이 광야입니다. 아무리 목이 말라도 물 한 그릇 얻을 만한 곳이 없고, 무슨 일이 일어나도 묵묵히 하늘만 바라보며 온 우주만물의 주관자이신 하나님을 의지할 수밖에 없는 곳이 광야입니다.

그런 광야에서 요한은 하나님의 말씀을 들었습니다. '나 같이 아무 것도 내세울 것 없는 사람에게 하나님의 음성이 들리겠어?', '나처럼 나이 많은 노인에게 무슨 하나님의 음성이 들리나?' 그렇게 생각하지 마십시오. 어떤 환경과 상황 가운데 있더라도 맑고 투명한 시선으로 하나님을 바라보며 주님의 음성에 귀 기울이는 사람에게 말씀이 임합니다.

그렇다면 광야가 갖고 있는 영적 의미와 교훈은 무엇일까요? 그곳은 이스라엘이 하나님을 향해 가지고 있던 모든 불평과 원망과 시비가 들춰

진 곳입니다.

> "이스라엘 자손이 다 모세와 아론을 원망하며 온 회중이 그들에게 이르되 우리가 애굽 땅에서 죽었거나 이 광야에서 죽었으면 좋았을 것을 어찌하여 여호와가 우리를 그 땅으로 인도하여 칼에 쓰러지게 하려 하는가 우리 처자가 사로잡히리니 애굽으로 돌아가는 것이 낫지 아니하랴 이에 서로 말하되 우리가 한 지휘관을 세우고 애굽으로 돌아가자 하매"
> (민수기 14:2-4)

이스라엘 백성들의 광야 생활 40년 동안 그들은 조금만 힘이 들면 다시 애굽으로 돌아가자고 이야기했습니다. 어려운 광야 생활 대신 애굽으로 돌아가 다시 종살이를 하는 것이 더 좋겠다는 것입니다.

이스라엘 백성들의 무지와 불신앙을 드러내며 그들이 얼마나 형편없는 사람들인가를 여실히 보여준 곳이 광야입니다.

광야를 지나야 가나안이 있다

하나님께서는 이스라엘 백성들이 애굽에서 나와 가나안으로 향하는 사이 광야를 지나게 하셨습니다. 광야는 하나님의 백성들의 삶을 표본으로 보여주는 곳입니다.

하나님의 백성들은 반드시 광야를 지나가야 합니다. 광야에서의 삶은 필연적인 것입니다. 광야 없는 가나안은 있을 수 없습니다. 하나님은 그 곳에서 우리를 더 깊이 만나시고, 하나님의 음성을 들을 수 있는 자들로 단련하길 원하십니다. 하나님만 의지하는 자로 다듬어 가시길 원하십니다. 지금 그 광야의 한 복판에 서 계신 분들이 있을 것입니다. 광야 같은 가정에서 배우자 때문에 힘들어하는 분들, 자녀양육에 있어서 광야와도 같은 어려움을 만난 분들, 광야의 마른 물줄기처럼 재정의 궁핍을 겪고 있는 분들이 있을 것입니다.

몸담고 있는 직장생활의 위태로움으로 인해 불안하고, 병원에서 받은 아찔한 진단 결과로 초조하며, 사업이 사방으로 우겨쌈을 당해 고통스러운 분들이 있을 것입니다. 우리 인생이 마치 광야 한 복판에 홀로 서 있는 것처럼 느껴질 때가 얼마나 많은지 모릅니다.

세상을 의지하여 광야를 지나려 한다면 반드시 실패할 수밖에 없습니다. 불평과 불만으로 세월을 허비한다면 광야에서 결코 승리할 수 없습니다. 하나님께서 허락하신 광야임을 믿고, 그 안에서 하나님이 원하시는 모습대로 변화될 것을 소망해야 합니다. 그리고 하나님 앞에 엎드려 광야를 지날 힘을 구해야 합니다.

광야에서 하나님의 음성을 듣자

하나님의 음성을 놓치고 산 것이 너무 오래 되진 않았습니까? 하나님의 음성 없이도 살 수 있다는 영적 교만이 하나님의 음성을 듣지 못하게 합니다. 무뎌진 영적 감각을 회복시켜 달라고 기도하십시오. 영혼에 깊은 상처가 있는 것은 아닙니까? 하나님의 손길로 어루만져 주셔서 치유될 수 있도록 기도하십시오.

광야는 하나님의 말씀을 듣는 법을 배우는 학교입니다. 고난은 하나님의 세미한 음성을 듣는 통로입니다. 광야를 너무 빨리 지나려하지 마십시오. 천천히 인내로 그분과 동행하며, 반드시 배워야할 교훈을 놓치지 마십시오.

> "고난당한 것이 내게 유익이라 이로 말미암아 내가 주의 율례들을 배우게 되었나이다" (시편 119:71)

광야의 시간이 찾아오거든 그 시간이 빨리 끝나게 해달라고 기도하기 전에 그 시간 역시도 하나님께서 허락하셨다는 것을 믿고, 들어야 할 하나님의 음성을 듣고, 배워야 할 교훈을 놓치지 않게 해달라고 기도해야 할 것입니다.

어떤 어려움 속에서도 하나님의 음성을 들을 수 있다면 이겨낼 수 있습니다. 좌절하고 낙망하기보다 하나님의 음성 때문에 기뻐하고 즐거워할 때, 광야를 광야답게 건너게 될 것입니다.

하나님께서 빈 들로 부르셨습니까? 광야의 한 복판을 지나고 계십니까? 힘을 내십시오. 빈 들에서 하나님의 말씀을 들으십시오. 어느 때보다 가까이 계신 주님의 손을 잡고 일어나십시오.

'하나님의 음성에 귀 기울이는 인생'에 대해 생각해보기

01. 하나님의 음성을 듣는 다는 것은 무엇일까요? 들어본 경험이 있습니까?

02. 눅 3:2에 하나님의 말씀이 누구에게 임했다고 말씀합니까, 그는 어떤 사람이었습니까?

03. 빈 들에서 하나님의 음성을 듣는 것이 우리에게 주는 의미는 무엇입니까?

04. 하나님의 음성을 듣는 삶을 살기 위해 필요한 것은 무엇입니까?

■ 암송구절 - 요한복음 10:27

chapter 07

광야에서도 승리하는 인생

"여호와께서 들으시기에 백성이 악한 말로 원망하매 여호와께서 들으시고 진노하사 여호와의 불을 그들 중에 붙여서 진영 끝을 사르게 하시매 백성이 모세에게 부르짖으므로 모세가 여호와께 기도하니 불이 꺼졌더라 그 곳 이름을 다베라라 불렀으니 이는 여호와의 불이 그들 중에 붙은 까닭이었더라 그들 중에 섞여 사는 다른 인종들이 탐욕을 품으매 이스라엘 자손도 다시 울며 이르되 누가 우리에게 고기를 주어 먹게 하랴" (민수기 11:1-7)

광야에서도 승리하는 인생

인생을 비유하는 말 가운데 '일장춘몽(一場春夢)'이라는 말이 있습니다. '한바탕 꿈을 꾸고 나면 흔적도 없는 봄의 꿈'이라는 뜻입니다. 비슷한 표현으로 '인생이 하룻밤 경점 같고, 석양의 그림자와 같다'라는 말도 있습니다.

그렇습니다. 인생은 잠깐 보이다가 사라지는 안개와 같고, 지나가는 구름과도 같습니다. 초로(草露)인생이라는 말처럼, 해가 떠오르면 쉬 말라버리는 풀 위의 이슬과도 같은 것이 인생이 아닌가 싶습니다.

"우리의 년수가 칠십이요 강건하면 팔십이라도 그 년수의 자랑은 수고와 슬픔뿐이요 신속히 가니 우리가 날아가나이다" (시편 90:10)

모세의 기도문처럼 인생은 활을 떠난 화살같이 빠르게 지나갑니다. 그래서인지 인생은 허무하고 덧없으며, 실로 짧게 느껴지기도 합니다.

어떤 사람들은 인생이 광풍노도(狂風怒濤)가 닥쳐오는 망망대해(茫茫大海)를 지나가는 일엽편주(一葉片舟)와도 같다고 합니다. 맹수와 독벌레가 우글거리는 거칠고 황량한 험산준령을 등반하는 것과 같다고 말하기도 합니다. 인생은 번뇌와 고난과 역경을 지나가는 것임을 비유하는 말입니다.

여러분은 인생이 무엇과도 같다고 생각하십니까?

광야와 같은 세상

성경은 우리들의 인생살이가 광야의 삶이라고 이야기합니다. 광야는 어떤 곳입니까?

온갖 위험이 가득한 곳이고, 모래 바람과 폭풍이 휘몰아치는 곳입니다. 끝없이 펼쳐진 황량한 들판만 있을 뿐, 풀 한 포기, 꽃 한 송이 찾아볼 수 없는 그런 곳이 광야입니다. 물 한 방울 없는 곳, 태양 볕을 피할 나무그늘 하나 없는 곳이 바로 광야입니다.

성경에 광야라는 단어는 시내 광야를 비롯해서 바란 광야, 홍해 광야, 모압 광야, 아라바 광야 등 구체적인 지명이 나타나는 경우들도 많습니다.

광야는 문자적으로 '인적이 없는 땅, 거친 들판, 빈 들, 사막, 황폐한 땅, 아무도 살지 않는 땅, 풀이 자라지 않는 땅'을 말합니다. 그래서 광야는 고통과 역경과 문제의 터널로 표현되는 경우가 많습니다.

광야라는 단어에는 '말씀을 하시는 곳, 하나님의 음성을 듣는 곳, 하나님을 뵈옵는 장소, 하나님과 교제하는 장소'라는 의미가 있습니다. 동사형으로 쓰일 때는 '선포하다, 말하다, 약속하다'라는 의미로도 사용됩니다. 이처럼 광야는 양면적인 의미가 있습니다.

> "(이런 사람은 세상이 감당치 못하도다) 저희가 광야와 산중과 암혈과 토굴에 유리하였느니라" (히브리서 11:38)

히브리서 기자는 세상을 광야에 비유합니다. 광야 같은 세상은 하나님의 백성들이 영원히 거할 곳은 되지 못한다고 말합니다. 세상은 보기에는 좋아보일지 몰라도 지나가야 하는 곳이지 둥지를 틀고 영원히 살 곳은 아니라는 것입니다.

광야가 살기 좋습니까, 아니면 애굽이 살기 좋습니까? 살기는 애굽이 훨씬 좋습니다. 광야는 살기 힘들고 불편한 곳입니다. 먹을 것도 없습니다. 경작할 수 있는 곳도 없습니다. 들나귀와 승냥이, 이리떼와 독수리만 살고 있는 곳입니다.

독사와 전갈이 우글거리고, 독벌레가 언제 공격할지 모르는 그런 곳입니다. 마실 물도 없고 편히 쉬거나 잠을 청할 곳도 없습니다. 한낮에는 작열하는 태양으로 고통을 당하고, 밤이면 뼛속 깊이 파고드는 추위에 고통을 당하는 곳이 광야입니다.

광야는 그렇게 항상 죽음의 그림자가 드리워져 있는 곳, 삶과 죽음의 사이가 그리 멀지 않다는 것을 언제든지 느낄 수 있는 곳이라고 할 수 있습니다.

그런데 광야는 멀리 있지 않습니다. 우리 주변에 얼마나 많은 광야가 있는지 모릅니다. 현대인들이 살고 있는 삶의 환경을 바라보십시오. 광야가 아닌 곳이 없습니다. 정치, 경제, 사회, 문화 어디 하나 광야 아닌 곳이 없습니다. 늘 위험이 있고 아슬아슬한 상황이 전개됩니다.

경제는 어떻습니까? 대기업도, 중소기업도, 소상공인도, 근로자도 모두가 어렵다고 말합니다. 국가 간 관계는 어떻습니까? 자국의 이익에 따라 하루아침에 다른 분위기가 연출되는 것이 외교 현실입니다.

문화도 광야입니다. 도덕의식 없이 일어나는 악행들이 문화라는 이름으로 버젓이 진행되고 있는 경우가 많습니다. 교육도 마찬가지입니다. 아이들을 공부하는 기계, 문제 푸는 기계로 만들고 있습니다. 좋은 대학, 좋은 직장 가는 것이 아이들에게 전부가 되어 버렸습니다.

세상이 얼마나 각박하고, 거칠고, 투박하고, 힘든지 모르겠습니다. 휘몰아쳐오는 모래 폭풍에 날려 오듯이 들이닥치는 온갖 상황을 어떻게 감당하며 살아야 할지 모르겠습니다. 도대체 광야와 같은 이 세상을 어떻게 살아내야 합니까? 변화무쌍한 이 광야에서 승리하는 삶의 비결은 무엇입니까?

애굽을 완전히 떠나라

광야에 있다는 것은 애굽을 떠났다는 것을 의미합니다. 그런데 몸은 광야에 있으면서도 마음과 생각이 아직 애굽에 있는 사람들이 많습니다. 이스라엘 백성들이 그랬습니다.

> "우리가 애굽에 있을 때에는 값없이 생선과 오이와 참외와 부추와 파와 마늘들을 먹은 것이 생각나거늘 이제는 우리의 기력이 다하여 이 만나 외에는 보이는 것이 아무 것도 없도다 하니" (민수기 11:5)

몸만 애굽을 떠났다고 떠난 것이 아닙니다. 영혼과 마음과 정신도 애굽으로부터 떠나야 합니다. 애굽과 완전히 결별해야 합니다. 이스라엘 백성들은 홍해 바다를 건널 때 그곳에 애굽에서의 삶과 습관, 태도와 가치관을 모두 버리고 왔어야 했습니다. 그런데 그것에 실패했습니다. 그래서 애굽을 그리워하게 되었습니다.

왜 애굽을 그리워합니까? 애굽에 있을 때 값없이 먹었던 기억 때문입니다. 언어가 생각을 만들고 생각이 행동을 만듭니다. 애굽을 그리워하는 생각이 광야에서 불평과 원망을 만들어냈습니다.

이스라엘 백성들은 여전히 애굽적 가치관에서 벗어나질 못한 것입니다. 애굽에서의 삶, 애굽에서의 생활, 애굽에서의 습관을 아직도 버리지 못하고 가지고 있는 것입니다.

그런데 그 모습이 바로 우리의 모습일 수도 있다는 것을 기억해야 합니다. 예수님을 구주와 주님으로 영접하기 전에 가지고 있던 가치관, 삶의 태도를 여전히 버리지 못하고 있다면 우리도 애굽과 완전히 결별하지 못한 것입니다.

정직하지 못한 방법으로 이득을 취하고자 하는 마음이 들고, 음란한 유흥을 즐기던 때가 생각나고, 몸을 상하게 하는 술과 담배의 유혹이 떠오르지는 않습니까? 그리스도를 알기 전에 누리던 세상 즐거움을 그리워하고 있지는 않느냐는 것입니다.

애굽과 완전히 결별하십시오. 그래야 광야 생활을 이겨낼 수 있습니다. 예수 그리스도를 믿기 전의 옛 습관들을 십자가에 완전히 못 박아야 합니다. 예전의 삶을 그리워하지 마십시오.

이스라엘 백성들은 홍해 바다를 어떻게 건너왔는지 기억하고 하나님이 어떻게 인도하셨는지를 생각해야 했습니다. 그러나 그들은 값없이 먹었던 애굽의 음식들을 생각했습니다. 은혜를 잊고 자신의 필요에만 몰입되면 불평과 원망이 터져 나올 수밖에 없습니다.

소망을 가져라

그런데 이스라엘 백성들이 애굽을 잊지 못하고 그리워한 진짜 이유는 따로 있습니다. 그들은 애굽에서 매우 힘든 삶을 살았습니다. 흙 이기기와 벽돌 굽기로 힘든 노역을 하며 지냈습니다. 그곳에서도 행복하지는 않았습니다. 사실은 별로 돌아가고 싶지 않았을 것입니다.

그럼에도 불구하고 그들이 애굽을 그리워했던 이유는 무엇입니까? 그것은 바로 그들이 미래에 대한 소망을 발견하지 못했기 때문입니다. 애굽이 좋아서가 아닙니다. 하나님께서 말씀하신 젖과 꿀이 흐르는 가나안 땅을 보지 못해서입니다.

미래를 보지 못하면, 꿈과 비전이 없으면, 내일의 소망이 없으면 과거에 계속해서 얽매이게 됩니다. 오늘 힘들고 어려워도 내일의 소망이 있는 사람은 견뎌낼 힘이 있습니다. 꿈이 있는 사람, 비전이 있는 사람은 오늘의 고난을 이겨낼 수 있다는 것입니다.

여러분에게 내일의 소망이 있으십니까? 꿈과 비전을 가지고 살고 있습니까? 미래를 바라보는 사람은 사명감으로 넘칩니다. 삶의 의미와 가치를 갖게 됩니다. 인생의 목표와 뚜렷한 목적이 있기 때문에 얼마든지 의미 있게 살아갈 수 있습니다.

그러나 만약 이러한 비전이 없어지고 목적이 사라지면 허송세월할 뿐입니다. 맑고 투명한 시선으로 미래를 바라보십시오. 가나안을 바라보십시오. 미래를 현실로 가져오십시오. 그러면 오늘 힘들고 어려워도 그 미래를 바라보며 승리할 수 있습니다.

탐욕을 제거하라

> "그들 중에 섞여 사는 다른 인종들이 탐욕을 품으매 이스라엘 자손도 다시 울며 이르되 누가 우리에게 고기를 주어 먹게 하랴" (민수기 11:4)

이스라엘 백성들이 애굽을 못 잊고 그리워한 이유가 또 있습니다. 탐욕 때문입니다. 이스라엘 백성들 중에 섞여 사는 무리가 있었는데, 성경은 그들이 탐욕을 품었다고 말씀합니다.

> "이스라엘 자손이 라암셋에서 발행하여 숙곳에 이르니 유아 외에 보행하는 장정이 육십만 가량이요 중다한 잡족과 양과 소와 심히 많은 생축이 그들과 함께하였으며" (출애굽기 12:37-38)

이스라엘 백성들이 출애굽 할 때, 그들 중에 중다한 잡족이 섞여 있었습니다. 이스라엘 민족이 아닌 다른 민족이 따라 나온 것입니다. 히브리인과 결혼했던 애굽 사람들과 그들의 자녀들, 그리고 애굽에 포로로 잡혀왔던 다른 족속들이 함께 있었던 것입니다. 그들이 문제를 일으킨 것입니다.

오늘날에도 섞여 있는 무리가 있습니다. 바로 '명목상의 그리스도인(Nominal christian)'입니다. 그리스도인이라는 이름만 가졌지, 실제로는 그리스도인이 아닌 사람들입니다.

누가 물어보면 예수를 믿는다고 하고, 교회에 나간다고 합니다. 그런데 삶을 보면 전혀 예수를 믿는 냄새가 나질 않습니다. 교회 출석은 하지만 신앙생활은 하지 않습니다. 무늬만 성도인 것입니다. 그들의 특징이 무엇입니까? 탐욕을 일으킨다는 것입니다.

문제는 우리 안에 하나님의 백성과는 거리가 멀어야 할 탐욕이 일어날 때가 있다는 것입니다. 우리 안에도 탐욕을 품은 잡족이 있다는 것을 부인할 수 없습니다. 그것이 없어지기까지 광야의 삶은 힘들 수밖에 없습니다.

중앙성결교회 한기채 목사님이 어떤 강의에서 이런 말씀을 하셨습니다. "공(公)을 사(私)로 쓰면 문제가 생기고, 사(私)를 공(公)으로 쓰면 인정과 존경을 받는다."

공적인 것을 내 것처럼 쓰면 문제가 생깁니다. 그러나 내 것을 여러 사람이 쓸 수 있도록 하면 모두가 좋아하고 인정을 받는다는 것입니다. 공적인 것을 사적으로 쓰고 싶어 하는 유혹이 왜 생깁니까? '탐욕' 때문입니다.

탐욕만 없으면 인간사에 문제가 없습니다. 탐욕 때문에 문제가 생깁니다. 탐욕 때문에 비리를 저지릅니다. 탐욕 때문에 형제 간 싸움이 일어납니다. 탐욕 때문에 거짓말을 합니다. 탐욕 때문에 만지지 말아야 할 것을 만지고 취하는 것입니다.

오늘날 기독교가 변질이 되어 남들보다 더 가져야 하고, 더 높이 올라가야 한다고 가르치는 교회들이 있습니다. 그렇지 않습니다. 교회는 자신을 비우고, 내려놓는 것을 기쁨으로 여겨야 합니다. 나눠주고, 다른 사람이 잘되게 도와줘야 합니다. 그것이 주님이 우리에게 가라고 하신 십자가의 길입니다.

> "욕심이 잉태한즉 죄를 낳고 죄가 장성한즉 사망을 낳느니라" (야고보서 1:15)

탐욕이 죄를 불러옵니다. 파멸을 불러옵니다. 세상을 어지럽힙니다. 탐욕을 제거하십시오. 그래야 광야 같은 세상에서 천국의 기쁨을 누리며 승리하는 삶을 살 수 있습니다.

만나의 감격을 기억하라

> "이제는 우리의 기력이 다하여 이 만나 외에는 보이는 것이 아무 것도 없도다 하니" (민수기 11:6)

새 번역으로 보면, "이제 우리 눈에 보이는 것이라고는 이 만나밖에 없으니, 입맛마저 떨어졌다"라고 되어 있습니다. 이스라엘 백성들이 만나에 대해 불평을 한 것입니다.

그들이 처음 만나를 봤을 때 어땠습니까? 만나의 뜻은 '이게 뭐지?'라는 뜻입니다. 그들은 처음 만나를 받았을 때 너무나도 신기했습니다. 감사했습니다. 마치 꿀 섞은 과자 맛 같다고 감탄했습니다.

그런데 시간이 지나자 기름에 찌든 과자 맛 같다고 합니다. 만나가 지겨워진 것입니다. 더 이상 먹고 싶지 않게 된 것입니다.

만나가 상징하는 것은 말씀입니다. 이스라엘 백성들이 만나에 대한 감격을 잊어버렸다는 것은 하나님의 말씀에 대한 감격을 잊어버렸다는 것을 의미합니다. 말씀에 대한 감격이 없으니 불평이 생기고 신앙이 퇴보하게 된 것입니다.

광야 같은 세상에서 승리하려면 무엇보다 말씀에 대한 감격이 살아나야 합니다. 말씀을 읽는 것이 꿀 송이 같이 달게 느껴져야 합니다. 그래야 승리할 수 있습니다.

애굽과의 완전한 결별을 선언하십시오. 죄 된 옛 본성을 십자가에 못 박아야 합니다. 또한 마음 속 잡족을 제거하십시오. 탐욕을 버려야 합니다. 그리고 만나의 감격을 회복하십시오. 말씀을 가까이 하고, 말씀을 읽는 즐거움에 사로잡혀야 합니다.

그럴 때 광야를 이겨낼 힘이 생깁니다. 거친 들판에서도 넘어지지 않고, 지치지 않고, 뛰며 노래할 수 있는 힘을 얻을 수 있습니다. 하나님께서 주시는 비전과 소망을 가지고 광야를 넉넉히 지나는 승리자가 되길 바랍니다.

'광야에서도 승리하는 인생'에 대해 생각해보기

01. 인생이 무엇입니까? 나의 인생을 무엇에 비유할 수 있습니까?

02. 성경이 우리에게 이야기하는 인생은 무엇입니까?

03. 광야에서 승리하기 위한 3가지 방법은 무엇입니까?

04. 승리하는 인생으로 나아가기 위해 내려놓아야 할 것이 있다면 그것은 무엇입니까?

■ 암송구절 - 히브리서 11:38

chapter 08

에벤에셀의
기념비를
세우는 인생

"사무엘이 돌을 취하여 미스바와 센 사이에 세워 이르되 여호와께서 여기까지 우리를 도우셨다 하고 그 이름을 에벤에셀이라 하니라 이에 블레셋 사람들이 굴복하여 다시는 이스라엘 지역 안에 들어오지 못하였으며 여호와의 손이 사무엘이 사는 날 동안에 블레셋 사람을 막으시매 블레셋 사람들이 이스라엘에게서 빼앗았던 성읍이 에그론부터 가드까지 이스라엘에게 회복되니 이스라엘이 그 사방 지역을 블레셋 사람들의 손에서 도로 찾았고 또 이스라엘과 아모리 사람 사이에 평화가 있었더라 사무엘이 사는 날 동안에 이스라엘을 다스렸으되 해마다 벧엘과 길갈과 미스바로 순회하여 그 모든 곳에서 이스라엘을 다스렸고 라마로 돌아왔으니 이는 거기에 자기 집이 있음이니라 거기서도 이스라엘을 다스렸으며 또 거기에 여호와를 위하여 제단을 쌓았더라" (사무엘상 7:12-17)

에벤에셀의 기념비를 세우는 인생

이스라엘 백성들은 애굽에서의 430년간 노예 생활을 끝내고 하나님의 사람 모세의 영도 하에 출애굽을 했습니다. 광야에서 40년을 보냈음에도 불구하고 모세는 가나안 땅으로 들어가지 못하고 느보산 꼭대기에서 하나님의 부르심을 받습니다.

모세의 뒤를 이은 여호수아와 이스라엘 백성들은 그토록 염원하던 곳, 젖과 꿀이 흐르는 땅 가나안으로 들어갔습니다.

죽음은 만인의 공도라고 하신 말씀처럼 여호수아도 모세의 뒤를 이어 하나님의 품으로 갔습니다. 114세에 하나님의 부르심을 받았습니다. 여호수아가 떠난 뒤에 일어난 다음 세대의 사람들은 하나님도 모르고 하나님께서 행한 일도 알지 못했습니다.

이스라엘의 암흑기, 사사 시대

그러면서 이스라엘의 암흑기가 시작됩니다. 하나님은 옷니엘로부터 시작하여 에훗, 삼갈, 드보라, 기드온, 돌라, 야일, 입다, 입산, 엘론, 압돈, 삼손에 이르기까지 사사들을 세우셔서 이스라엘 백성들이 새롭게 소생할 수 있는 기회를 주셨습니다. 그러나 이스라엘 백성들은 계속해서 하나님을 배신했습니다.

그 시대에 대하여 성경은 이렇게 말씀합니다.

> "그때에 이스라엘에 왕이 없으므로 사람이 각기 자기의 소견에 옳은 대로 행하였더라" (사사기 21:25)

하나님과는 상관없이 자기 마음대로, 자기 뜻대로 살던 시대, 그때가 바로 이스라엘의 사사 시대였습니다. 종교 지도자들은 어땠을까요? 지도자들도 마찬가지였습니다. 제사장이었던 엘리는 개인적으로나 가정적으로나 사역적으로나 최악의 수준이었습니다. 그는 기도하는 한나를 술에 취했다고 생각했습니다.

어린 사무엘은 하나님의 음성을 들었지만 엘리는 제사장이었음에도 불구하고 영적으로 둔감하여 하나님의 음성을 듣지 못했습니다. 그의 두 아들 홉니와 비느하스도 제사장들이었습니다. 그러나 성경은 그들이 불량자로 여호와를 알지 못했다고 지적합니다.

> "엘리의 아들들은 행실이 나빴다. 그들은 주님을 무시하였다." (사무엘상 2:12, 새 번역)

하나님에 대하여 배우지 못해서 알지 못한 것이 아닙니다. 그들은 의도적으로 하나님 알기를 거부했고, 하나님을 무시했습니다. 제사 규정을 무시하고 이스라엘 백성들이 하나님께 제사를 드리기 위해 가져온 제물을 마음대로 가져갔습니다.

그뿐 아닙니다. 홉니와 비느하스는 회막 문에서 수종드는 여인들과 동침하기도 했습니다. 엘리는 아들들의 악행을 알았음에도 불구하고 하나님보다 아들들을 더 중하게 여기는 죄를 지었습니다. 결국 하나님께서는 어린 사무엘을 통해 엘리 가문을 향한 하나님의 뜻을 전하게 하셨습니다.

> "그러므로 이스라엘의 하나님 나 여호와가 말하노라 내가 전에 네 집과 네 조상의 집이 내 앞에 영원히 행하리라 하였으나 이제 나 여호와가 말하노니 결단코 그렇게 하지 아니하리라 나를 존중히 여기는 자를 내가 존중히 여기고 나를 멸시하는 자를 내가 경멸하리라" (사무엘상 2:30)

하나님께서 엘리 제사장을 세우실 때 그의 집을 영원히 버리지 않고 견고하게 세우신다고 약속하셨는데, 더 이상 그렇게 하지 않겠다는 것입니다. 하나님을 존중히 여기는 자를 존중히 여기시고, 그분을 멸시하는 엘리 가문은 경멸하고 치신다고 하셨습니다.

> "보라 내가 네 팔과 네 조상의 집 팔을 끊어 네 집에 노인이 하나도 없게 하는 날이 이를지라 이스라엘에게 모든 복을 내리는 중에 너는 내 처소의 환난을 볼 것이요 네 집에 영원토록 노인이 없을 것이며 내 제단에서 내가 끊어 버리지 아니할 네 사람이 네 눈을 쇠잔하게 하고 네 마음을 슬프게 할 것이요 네 집에서 출산되는 모든 자가 젊어서 죽으리라 네 두 아들 홉니와 비느하스가 한 날에 죽으리니 그 둘이 당할 그 일이 네게 표징이 되리라" (사무엘상 2:31-34)

무시무시한 하나님의 경고를 보십시오. 하나님을 무시하고 경홀히 여기는 것이 얼마나 두려워할 일인지 잘 알 수 있습니다. 하나님은 그분을 무시하고 경홀히 여기는 사람은 폐하시고, 하나님을 존중히 여기는 자는 세우셔서 복 주시는 분이십니다.

> "내가 나를 위하여 충실한 제사장을 일으키리니 그 사람은 내 마음, 내 뜻대로 행할 것이라 내가 그를 위하여 견고한 집을 세우리니 그가 나의 기름 부음을 받은 자 앞에서 영구히 행하리라" (사무엘상 2:35)

하나님께서 세우신 충실한 제사장, 그가 바로 사무엘입니다.

하나님의 영광이 떠난 시대

"사무엘이 자라매 여호와께서 그와 함께 계셔서 그의 말이 하나도 땅에 떨어지지 않게 하시니 단에서부터 브엘세바까지의 온 이스라엘이 사무

엘은 여호와의 선지자로 세우심을 입은 줄을 알았더라" (사무엘상 4:19-20)

'단에서부터 브엘세바까지'는 한국식으로 표현하자면 '한라에서 백두까지'라고 할 수 있습니다. 이스라엘 전 지역을 나타낼 때 쓰던 말이었습니다. 하나님께서는 사무엘이 하나님이 세우신 선지자라는 사실을 이스라엘의 모든 백성들이 알게 하신 것입니다.

"사무엘의 말이 온 이스라엘에 전파되니라 이스라엘은 나가서 블레셋 사람들과 싸우려고 에벤에셀 곁에 진 치고 블레셋 사람들은 아벡에 진 쳤더니" (사무엘상 4:1)

그런 시대적 상황 속에서 이스라엘에 전쟁이 일어납니다. 블레셋과의 전쟁이 일어난 것입니다. 이스라엘은 에벤에셀 곁에 진을 쳤고, 블레셋 사람들은 아벡에 진을 쳤습니다. '에벤에셀'은 지명이기도 하지만, '하나님께서 여기까지 우리를 도우셨다'라는 의미도 있습니다.

그 전쟁에서 이스라엘은 참혹하게 패배했습니다. 무려 사천 명이 죽임을 당했고, 그 결과 이스라엘은 두려움과 공포에 휩싸였습니다.

이스라엘의 장로들은 전쟁에서 진 원인이 언약궤 없이 전쟁에 나섰기 때문이라고 판단했습니다. 실로에서 언약궤를 가져다가 다시 전쟁에 나섰습니다. 이스라엘 군대의 사기가 올랐습니다. 얼마나 환호성을 크게 질렀으면 땅이 울릴 정도였다고 성경은 말씀합니다. 그러나 전쟁의 결과는 어떻게 되었나요?

> "블레셋 사람들이 쳤더니 이스라엘이 패하여 각기 장막으로 도망하였고 살육이 심히 커서 이스라엘 보병의 엎드러진 자가 삼만 명이었으며 하나님의 궤는 빼앗겼고 엘리의 두 아들 홉니와 비느하스는 죽임을 당하였더라" (사무엘상 4:10-11)

이전 전쟁보다 더욱 처참하게 패배했습니다. 언약궤를 앞세웠지만 아무런 도움이 되지 못했습니다. 삼만 명이 죽었고, 하나님의 궤는 빼앗겼습니다. 제사장이었던 홉니와 비느하스도 죽임을 당했습니다.

하나님의 능력의 말씀인 성경이 곁에 있어도, 그 말씀을 의지하고 순종하는 삶을 살지 않는 한 그것은 한낱 종이에 불과한 것입니다. 삶을 승리로 이끄는 말씀의 능력을 경험할 수 없습니다. 이스라엘이 전쟁에서 패한 원인이 바로 그것입니다. 언약궤를 앞세웠지만 하나님을 철저히 의지해서가 아니라, 마치 부적처럼 여기고 형식적으로 여겼기 때문입니다.

엘리는 길가 의자에 앉아 있다가 두 아들이 죽었다는 소식과 하나님의 궤마저 빼앗겼다는 이야기를 듣고 뒤로 넘어져 죽었습니다. 나이가 많고 비대했기 때문에 목이 부러져 죽었다고 성경은 말씀합니다.

그때 엘리의 며느리인 비느하스의 아내는 임신하여 해산이 가까울 때였습니다. 그런데 하나님의 궤를 빼앗기고 시아버지와 남편이 죽었다는 소식을 듣자 갑자기 배가 아파 아이를 낳게 됩니다. 아들을 낳았지만 아무런 생각도 할 수 없었습니다. 그 아이의 이름을 '이가봇'이라 지었습니다. '영광이 이스라엘에서 떠났다'라는 뜻입니다.

고대 사회에서 자녀의 이름을 지어줄 때 당시의 상황이나 처지를 반영하여 지어주는 풍습이 있었습니다. 이스라엘에서 하나님의 영광이 떠났다는 것을 보여줍니다. 그 당시에 대한 영적 진단은 무엇입니까? 하나님의 영광을 잃어버린 시대, 바로 그런 '이가봇 시대'라는 것입니다.

여러분의 교회는 어떻습니까? 가정과 직장을 포함한 모든 인간관계에 하나님의 영광이 임하고 있습니까, 아니면 하나님의 영광이 떠난 이가봇의 삶을 살고 있습니까?

> "블레셋 사람들이 하나님의 궤를 빼앗아가지고 에벤에셀에서부터 아스돗에 이르니라" (사무엘상 5:1)

이스라엘은 하나님의 언약궤를 블레셋에게 빼앗겼습니다. 블레셋 사람들은 하나님의 언약궤를 아스돗이란 곳으로 가져가 '다곤'이라는 신을 섬기는 신전에 두었습니다.

그런데 하룻밤 지나고나니 이상한 일이 일어났습니다. 다곤 신상이 하나님의 언약궤 앞에 넘어져 얼굴이 땅에 닿아 있었습니다. 아스돗 사람들은 다곤 신상을 다시 일으켜 세워놓았습니다.

그리고 다음 날이 되었을 때, 다곤 신상은 또다시 하나님의 언약궤 앞에 엎드러져 얼굴이 땅에 닿아 있었습니다. 머리와 두 손목이 끊어져 문지방에 있었고, 다곤 신상은 몸뚱이만 남아 있었습니다. 아스돗 사람들이 얼마나 불안했겠습니까?

> "여호와의 손이 아스돗 사람에게 엄중히 더하사 독한 종기의 재앙으로 아스돗과 그 지역을 쳐서 망하게 하니" (사무엘상 5:6)

하나님께서는 아스돗 사람들에게 벌을 내리셨는데, 독종의 재앙으로 그 지경의 사람들이 고통을 당하게 하셨습니다. 아스돗 사람들은 그 모든 일이 하나님의 언약궤를 그곳에 두었기 때문이라 여기고 그것을 가드로 옮겼습니다.

가드에서는 어떤 일이 생겼을까요? '여호와의 손이 심히 큰 환난을 그 성읍에 더하셔서 독종의 재앙으로 고통 받게 하셨다'고 성경은 말씀합니다. 그래서 가드 사람들은 다시 언약궤를 에그론이라는 곳으로 보냈습니다. 이미 언약궤로 말미암아 재앙을 당한 이야기를 들은 그곳 사람들은 블레셋의 모든 방백을 모아 언약궤를 다시 이스라엘로 돌려보내자고 했습니다.

그들은 재앙이 하나님께로부터 온 것인지, 아니면 우연히 일어난 일인지 확인하고자 했습니다. 한 번도 멍에를 메어보지 않은 암소 두 마리를 끌어왔습니다. 젖 먹던 송아지들은 집으로 돌려보냈습니다. 수레를 새로 만들고 그 안에 언약궤를 넣었습니다.

만약 두 암소가 본래 언약궤가 있던 벳세메스로 가면 그것이 하나님으로부터 온 재앙이고, 다른 곳으로 가면 우연히 일어난 일로 여기기로 했습니다. 과연 결과는 어떻게 되었을까요?

수레를 멘 두 암소는 송아지를 찾아 가지 않고 곧장 벳세메스로 향했습니다. 그래서 그들은 하나님께로부터 임한 재앙이라는 것을 알게 되었고, 그곳에서 소를 잡아 번제를 드렸습니다.

결국 언약궤는 벳세메스 옆 동네인 기럇여아림에 사는 아비나답의 집으로 보냈습니다. 아비나답의 아들 가운데 엘리아살이라는 아들을 선별하여 그가 언약궤를 지키게 했습니다.

하나님께 돌아오다

"궤가 기럇여아림에 들어간 날부터 이십 년 동안 오래 있은지라 이스라엘 온 족속이 여호와를 사모하니라" (사무엘상 7:2)

언약궤가 기럇여아림에 20년 동안 있었습니다. 그런데 이스라엘에 놀라운 일이 일어납니다. 하나님만 섬겨야 한다는 분위기로 바뀐 것입니다. 사사 시대의 특징이 무엇이었습니까? 하나님을 무시한 채 자기 소견대로 살았습니다. 그러던 그들이 이제 하나님 없이는 안 된다는 마음으로 바뀐 것입니다.

> "사무엘이 이스라엘 온 족속에게 말하여 이르되 만일 너희가 전심으로 여호와께 돌아오려거든 이방 신들과 아스다롯을 너희 중에서 제거하고 너희 마음을 여호와께로 향하여 그만을 섬기라 그리하면 너희를 블레셋 사람의 손에서 건져내시리라" (사무엘상 7:3)

성년이 된 사무엘이 이스라엘 백성들에게 하나님의 말씀을 전했습니다. 이방 신들을 섬기는 일을 그만 두고 온전히 하나님 한 분만을 섬기라는 것입니다. 그러면 하나님께서 블레셋 사람의 손에서 건져내실 것이라고 전했습니다.

이스라엘 백성들은 사무엘의 권고를 받아들이고 그들 중에 있던 바알과 아스다롯을 제하여 버렸습니다. 그리고 여호와 하나님만을 섬겼습니다. 그리고 사무엘이 내리는 지시가 이어집니다.

> "사무엘이 이르되 온 이스라엘은 미스바로 모이라 내가 너희를 위하여 여호와께 기도하리라 하매 그들이 미스바에 모여 물을 길어 여호와 앞에 붓고 그 날에 금식하고 거기서 가로되 우리가 여호와께 범죄하였나이다 하니라 사무엘이 미스바에서 이스라엘 자손을 다스리니라" (사무엘상 7:5-6)

사무엘은 이스라엘 백성들을 미스바로 불러 모았습니다. 미스바는 '전망대'라는 뜻을 가진 지명입니다. 그곳에서 이스라엘 백성들은 회개하고 하나님 한 분만을 섬기기로 결단했습니다.

물을 길어 여호와 앞에 부었다는 표현은 전심을 다 쏟아냈다는 것을 표현하는 행위였습니다. 하나님 앞에서 자신의 죄에 대한 아픈 마음을 표현하는 행위였습니다. 이스라엘 백성들은 하나님 외에 다른 신을 겸하여 섬긴 것을 철저히 회개한 것입니다.

또한 그들은 하나님 앞에서 금식하며 기도했습니다. 금식했다는 것은 먹을 것을 전부 끊었다는 의미입니다. 생명을 건 것입니다. 그들은 그러한 절박한 마음으로 하나님 앞에 기도했습니다.

> "이스라엘 자손이 미스바에 모였다 함을 블레셋 사람들이 듣고 그들의 방백들이 이스라엘을 치러 올라온지라 이스라엘 자손들이 듣고 블레셋 사람들을 두려워하여" (사무엘상 7:7)

블레셋이 이스라엘이 미스바에 모였다 함을 듣고 다시 쳐들어 왔습니다. 아마도 이스라엘의 모든 백성이 다 모인 모습이 그들에게 위협이 되었던 것 같습니다. 먼저 선공을 하는 것이 유리하다고 판단하여 쳐들어 온 것일지도 모르겠습니다.

그런데 그 소식을 들은 이스라엘 백성들은 두려워하기 시작했습니다. 과거 엄청난 피해를 입었던 패배의 기억이 떠올랐을지도 모르겠습니다. 사무엘을 찾아가 자신들을 위해 여호와께 쉬지 말고 부르짖어 블레셋의 손에서 구원하시게 해달라고 간청합니다.

> "이스라엘 자손이 사무엘에게 이르되 당신은 우리를 위하여 우리 하나

> 님 여호와께 쉬지 말고 부르짖어 우리를 블레셋 사람들의 손에서 구원
> 하시게 하소서 하니 사무엘이 젖 먹는 어린 양 하나를 가져다가 온전한
> 번제를 여호와께 드리고 이스라엘을 위하여 여호와께 부르짖으매 여호
> 와께서 응답하셨더라" (사무엘상 7:8-9)

하나님만 의지하고 하나님께 돌아왔을 때, 하나님 앞에 자복하고 회개했을 때 그들은 놀라운 승리를 거두게 됩니다.

> "사무엘이 돌을 취하여 미스바와 센 사이에 세워 이르되 여호와께서 여
> 기까지 우리를 도우셨다 하고 그 이름을 에벤에셀이라 하니라" (사무엘
> 상 7:12)

에벤에셀의 기념비

사무엘은 돌을 취하여 세우고 그 이름을 에벤에셀, '도움의 돌'이라고 이름 붙였습니다. 성경에 처음으로 블레셋이 이스라엘 앞에 굴복하는 모습을 볼 수 있습니다. 이전에는 그들이 이스라엘 경내까지 마음대로 와서 서슴지 않고 노략을 일삼았는데, 그날 이후 다시는 이스라엘 경내로 들어오지 못했습니다.

성경은 여호와의 손이 사무엘의 사는 날 동안에 블레셋 사람을 막으셨다고 말씀합니다. 하나님의 사람 한 명의 지도력 덕분에 이스라엘이 하나님의 보호를 받게 된 것입니다. 블레셋에게 빼앗겼던 성읍 에그론부터 가드까지를 도로 찾았고, 아모리 사람들과도 평화의 관계를 유지했

습니다.

성경에는 에벤에셀의 기념비 말고도 하나님의 은혜를 기억하기 위해 세운 기념비 이야기가 많이 나옵니다.

> "야곱이 아침에 일찍이 일어나 베개로 삼았던 돌을 가져다가 기둥으로 세우고 그 위에 기름을 붓고" (창세기 28:18)

야곱이 잠깨어 돌베개 했던 그 돌을 세워 기둥으로 세우고 거기에 기름을 부었습니다. 형 에서를 피해 도망하던 길에 자신을 찾아와 언약을 맺으신 하나님께 세운 기념비입니다.

그 외에도 이스라엘 백성들이 가나안 땅에 들어갈 때 요단 강을 건너게 되는데, 그때에 언약궤를 맨 제사장들이 강에 발을 담갔을 때 흐르던 물이 멈추는 기적이 일어났습니다. 모두가 안전하게 건널 수 있었습니다. 이스라엘 백성들은 그 놀라운 하나님의 은혜를 기념하기 위해 지파의 수대로 12개의 돌을 세웠습니다. 그곳 이름이 길갈입니다.

회개와 기도로 세우는 기념비

에벤에셀의 놀라운 기적은 참된 회개가 있는 곳에서 경험하게 됩니다. 하나님 외에 사랑하는 것을 모두 정리해야 합니다. 하나님께 돌아가되 전심으로 돌아가 그분만을 섬길 때 우리 삶에 에벤에셀의 기념비가 세워질 수 있습니다.

"만일 여호와를 섬기는 것이 너희에게 좋지 않게 보이거든 너희 조상들이 강 저쪽에서 섬기던 신들이든지 또는 너희가 거주하는 땅에 있는 아모리 족속의 신들이든지 너희가 섬길 자를 오늘 택하라 오직 나와 내 집은 여호와를 섬기겠노라 하니" (여호수아 24:15)

여호수아의 고백처럼 하나님 한 분만 섬기십시오. 하나님 한 분만 믿으십시오. 하나님 한 분만 의지하며 사십시오. 하나님과 재물을 겸하여 섬기고, 하나님을 사랑한다고 하면서 세상의 부귀영화도 함께 사랑해서는 안 됩니다. 주님께 모든 것을 맡기는 것, 그것이 신앙생활입니다.

"나의 영혼이 잠잠히 하나님만 바람이여 나의 구원이 그에게서 나오는도다" (시편 62:1)

"아사가 그의 하나님 여호와께 부르짖어 이르되 여호와여 힘이 강한 자와 약한 자 사이에는 주밖에 도와 줄 이가 없사오니 우리 하나님 여호와여 우리를 도우소서 우리가 주를 의지하오며 주의 이름을 의탁하옵고 이 많은 무리를 치러 왔나이다 여호와여 주는 우리 하나님이시오니 원하건대 사람이 주를 이기지 못하게 하옵소서 하였더니" (역대하 14:11)

"하늘에서는 주 외에 누가 내게 있으리요 땅에서는 주밖에 내가 사모할 이 없나이다" (시편 73:25)

> "나의 영혼아 잠잠히 하나님만 바라라 무릇 나의 소망이 그로부터 나오는도다" (시편 62:5)

우리의 소망은 오직 주님께만 있습니다. 철저히 회개하고, 주님만 의지할 때 하나님께서 도우시는 인생을 살 수 있습니다. 패배의 자리, 실패의 자리에서 일어나 다시 에벤에셀의 기념비를 세울 수 있는 인생이 될 수 있습니다.

> "사무엘이 이르되 온 이스라엘은 미스바로 모이라 내가 너희를 위하여 여호와께 기도하리라 하매" (사무엘상 7:5)

우리의 삶에 에벤에셀의 기념비가 세워지기 위해 절대적으로 필요한 것은 바로 기도입니다. 그러나 때로 기도하는 것조차 힘에 겨워지는 때가 찾아오곤 합니다. 그럴 때 믿음의 가족, 기도의 동역자들이 필요합니다.

이스라엘 백성들은 사무엘에게 기도를 요청했습니다. 하나님의 사람 사무엘이 백성들을 위해 기도했을 때 하나님께서 응답하셨습니다.

주위 사람들에게 기도를 부탁하는 것은 결코 폐가 아닙니다. 어려운 일이 있을 때 교회 목회자에게, 장로님들과 권사님들께 기도를 부탁하십시오. 기도의 그룹을 만들고 서로의 기도 제목을 공유하며 함께 기도해야 합니다.

아무 것도 할 수 있는 것이 없을 때, 아직 남은 것이 있다는 것을 기억하십시오. 그것이 무엇입니까? 바로 기도입니다. 이스라엘 사람들은 자신들이 아무 것도 할 수 없다는 것을 알게 되었을 때, 사무엘을 찾아가 기도를 부탁했습니다.

힘이 없고, 능력이 없고, 돈이 없고, 지혜가 없고, 아무 것도 가진 것이 없어도 괜찮습니다. 날이 저물어 캄캄한 것 같고, 빈 들에 홀로 서 있는 것 같을 때 그때가 바로 하나님의 때라는 것을 기억하십시오. 그때가 바로 하나님께서 일하시는 때입니다.

에벤에셀은 '하나님께서 여기까지 우리를 도우셨다'는 뜻입니다. 과거부터 현재까지만 도우신 것이 아닙니다. 오늘 여기까지 도우신 하나님께서 앞으로도 우리를 도우실 것이라는 믿음의 고백인 것입니다.

우리의 인생에 에벤에셀의 기념비를 높이 세울 수 있길 바랍니다. 매일의 삶에 하나님께서 나를, 우리 가정을, 우리 교회를 어떻게 인도하시고 도우셨는가를 기억해야 합니다. 그리고 그 하나님을 앞으로도 철저히 신뢰하며 따르겠다는 믿음의 결단을 해야 합니다.

우리의 삶이, 가정이, 교회가 많은 이들 앞에 살아계신 하나님, 도우시는 하나님, 인도하시는 하나님을 증거할 수 있는 살아있는 에벤에셀의 기념비가 되길 바랍니다.

'에벤에셀의 기념비를 세우는 인생'에 대해 생각해보기

01. 하나님의 도움이 간절히 필요했던 경험이 있습니까?

02. 이스라엘이 블레셋과의 전쟁에서 패한 이유는 무엇입니까?

03. 에벤에셀의 뜻은 무엇입니까, 이스라엘은 어떻게 블레셋을 이길 수 있었습니까?

04. 내 인생에도 에벤에셀의 기념비를 세우기 위해 해야 하는 일은 무엇입니까?

■ **암송구절** – 사무엘상 7:12

3부

복음,
공동체에 살다

chapter 09

초대 교회와 같은 공동체

"베드로가 이르되 너희가 회개하여 각각 예수 그리스도의 이름으로 침례를 받고 죄사함을 받으라 그리하면 성령의 선물을 받으리니 이 약속은 너희와 너희 자녀와 모든 먼 데 사람 곧 주 우리 하나님이 얼마든지 부르시는 자들에게 하신 것이라 하고 또 여러 말로 확증하며 권하여 이르되 너희가 이 패역한 세대에서 구원을 받으라 하니 그 말을 받은 사람들은 침례를 받으매 이날에 신도의 수가 삼천이나 더하더라" (사도행전 2:38-41)

초대 교회와 같은 공동체

가정과 교회는 하나님께서 세상에 만드신 신성한 기관입니다. 가정과 교회의 중요성은 아무리 강조해도 결코 지나치다 할 수 없을 것입니다. 문제는 우리가 살고 있는 이 시대가 가정과 교회를 지나치리만큼 가볍게 생각한다는 것입니다. 어떤 경우에는 가정 제도를 부정하고, 교회를 혐오 세력이나 적폐의 대상으로까지 여기는 사람들이 적지 않다는 것입니다.

대형 교회와 대형 교회 목사의 이름이 인터넷 검색어 상위를 차지하는 것은 어제 오늘의 일이 아닙니다.

'과연 교회는 달라, 교회가 세상의 소망이야. 교회가 있어 참 다행이야.'

'목사는 역시 목사야, 목사님 때문에 얼마나 행복한지 모르겠어.'

그런 소리를 듣는다면 얼마나 좋겠습니까? 그러나 현실은 그렇지 않습니다. 오늘날 기독교는 입에 담기조차 민망한 욕설의 대상이 되고 있고, 목사는 소위 먹사로 불리며 조롱을 당하고 있습니다. 교회와 그리스도인을 향한 비난과 불평의 목소리가 결코 작다할 수 없습니다.

세상을 놀라게 하는 사건과 사고의 중심 또는 주변에는 부정직한 그리스도인들이 많이 포함되어 있습니다. 정치, 경제, 사회 전반에서 온갖 비난과 핍박과 손가락질을 당하면서도 신앙적인 양심으로 살겠다고 고군분투하는 숭고한 성도들이 있는가 하면 빛과 소금의 역할을 감당하지 못한 채 살아가는 명목상의 그리스도인들도 얼마나 많은지 모릅니다.

교회를 비웃고 욕하는 자들을 향해 사탄의 세력, 마귀의 자식이라고 부르며 반박할 것이 아니라, 먼저 우리 스스로 신앙과 삶의 깊이를 성찰해야 할 것입니다. 잘못된 길에서 돌이키고 회개하여, 올바르고 순수한 성경적인 신앙과 삶으로 변화되어야 합니다.

초대 교회로 돌아가자

우리는 신앙생활을 하며 종종 초대 교회로 돌아가자는 말을 들을 때가 있습니다. 아마도 우리가 살고 있는 이 시대의 교회가 성경적인 교회의 본질에서 벗어나 있는 까닭인지도 모르겠습니다. 하나님의 말씀과 그 말씀에 합당한 삶을 저버린 성도들과 교회의 추한 모습 때문에 그런 이야기가 자연스럽게 나오고 있는 것입니다.

오늘날 기독교의 이미지가 어떻게 비치고 있습니까? 외형지상주의적인 교회, 세속적이고 물질적인 목회자, 정직함과 순수함이 결여된 기독교인들, 경건과 영성이 없는 계산적인 신앙, 희생과 헌신과 봉사가 아닌 물질적인 보상을 바라며 하는 섬김 등으로 비치고 있는 것은 아닌가 싶습니다.

그뿐 아닙니다. 사치스런 예배당과 화려한 장식, 진정한 섬김과 나눔이 아닌 물량 공세로 진행하는 사역들, 사람들의 비위를 맞추려고 하는 비복음적인 메시지, 성실한 노력과 땀이 없는 물질적인 축복관, 십자가 없이 영광만 추구하는 세속적인 영성이 교회를 좀먹고 있습니다.

'초대 교회로 돌아가자'는 외침은 오늘날 변질된 기독교를 향한 성도들의 각성과 반성의 소리겠지만, 어쩌면 교회를 향한 하나님의 간절한 소원일 수도 있다고 생각합니다.

그렇다면 초대 교회로 돌아가자는 말이 의미하는 것은 무엇입니까? 그것은 바로 초대 교회가 가지고 있던 가치를 회복하는 것을 의미합니다. 초대 교회가 가지고 있던 것이 무엇입니까, 그들은 무엇을 자랑했습니까?

"베드로가 이르되 은과 금은 내게 없거니와 내게 있는 이것을 네게 주

노니 나사렛 예수 그리스도의 이름으로 일어나 걸으라 하고" (사도행전 3:6)

바로 예수 그리스도입니다. 예수 그리스도가 그들의 유일한 자랑이요 힘이었습니다. 유일한 가치였습니다. 그것이 바로 우리가 회복해야 할 모습입니다.

조금 더 쉽게 표현하자면 예수 그리스도 중심, 예수 그리스도의 가르침 중심으로 돌아가는 것입니다. 교권주의, 권위주의, 율법주의, 배금주의를 배격하고 하나님 중심으로 돌아가야 합니다.

마틴 루터, 존 칼빈, 쯔빙글리, 얀 후스 등 16세기 종교개혁자들이 주장했던 것이 무엇입니까? 소위 종교개혁의 5대 강령(Five Solas)이라 불리는 Sola Fide(오직 믿음), Sola Scriptura(오직 성경), Sola Gratia(오직 은혜), Solus Christus(오직 예수 그리스도), Soli Deo Gloria(오직 하나님께 영광)가 바로 그것입니다.

행함이 아니라 믿음으로 구원을 받고, 성경 외에는 다른 어떤 것도 정경으로서의 권위를 가질 수 없다는 것입니다. 율법이나 우리의 노력으로 구원받는 것이 아니라 오직 은혜로 구원받고, 마리아를 통해서나 다른 성인들을 통해서가 아니라 오직 예수 그리스도를 통해서 하나님 앞에 나아갈 수 있다는 것입니다. 인간의 영광이 아닌 오직 하나님의 영광을 위해서 사는 것이 신자의 삶이라는 것입니다.

성경의 중심 내용이 무엇입니까? 구약성경은 '오실' 예수 그리스도, 신약성경은 '다시 오실' 예수 그리스도에 대한 기록입니다. 죄인을 사랑하셔서 예수 그리스도를 이 땅에 보내주신 하나님의 사랑 이야기, 예수 그리스도를 믿음으로 말미암아 구원을 얻게 되는 복음의 이야기가 바로 성경의 핵심입니다.

초대 교회의 실상을 선명하게 보여주고 있는 바울 서신 열세 권의 가장 주된 내용이 무엇입니까? 하나님의 사랑과 믿음으로 구원을 얻고, 예수 그리스도를 따라 점점 성화되어 결국은 하나님의 아름다운 모습에 이르는 것(영화), 그리고 예수 그리스도의 재림과 하나님의 나라가 바울 서신의 핵심 내용입니다.

예수 그리스도를 회복하라

오늘날 교회 강단에서 예수 그리스도가 회복되어야 합니다. 윤리와 도덕, 철학과 논리, 정치와 경제 등 그 무엇보다도 교회 강단에서는 예수 그리스도와 하나님의 나라가 선포되어야 합니다.

설교에는 윤리적인 교훈과 삶의 지혜가 있어야 합니다. 그러나 예수 그리스도와 복음보다 앞설 수는 없습니다. 효과적인 말씀 전달을 위한 감동적인 예화, 그리고 예배 분위기를 위한 유머가 용인될 수는 있습니다. 그러나 말씀보다 결코 유머가 앞설 수 없고 어떤 예화도 하나님의 말씀을 대신할 수 없습니다. 하나님의 말씀이 가장 우선되어야 함은 재론의 여지가 없습니다.

또한 성경 속의 인물을 영웅으로 만들 것이 아니라 그 인물을 활용하여서 하나님이 어떤 분인가를 보여줄 수 있어야 합니다. 모세가 영웅시 되는 것이 아니라, 모세를 위대하게 만드신 하나님이 영광을 받으셔야 합니다. 요셉의 인생이 주제가 될 것이 아니라, 그를 통해 이스라엘을 구원하신 하나님의 섭리가 주제가 되어야 합니다.

초대 교회로 돌아간다는 것은 영적 능력을 회복하는 것을 의미합니다. 오늘날 성도들은 성경 지식은 많이 있지만, 영적인 능력은 찾아볼 수 없습니다.

영적인 능력은 어떤 신비한 능력을 말하는 것이 아닙니다. 영적인 삶을 의미하는 것으로서 말씀을 듣고 그대로 실천하며 살아가는 것을 말합니다. 예수님께서 말씀하신 대로 형제를 사랑하고 더 나아가 원수까지 사랑하는 삶이 진정 영적인 삶이라 할 수 있습니다.

대접을 받기보다 섬기고, 움켜쥐기보다 나누어주고 베풀어주고, 자기를 높이기보다 남을 높이고 존귀하게 여기며, 자신의 유익을 구하기보다 먼저 희생하는 삶을 살아가는 것이 바로 영적인 삶입니다.

그것이 바로 초대 교회 성도들의 모습이었습니다. 그들은 세상의 빛과 소금의 역할을 감당하며 살았습니다. 세상에 살고 있지만 하늘에 속한 사람처럼 말하고 행동했습니다. 사랑과 겸손으로 이웃을 섬기며 살았습니다. 예수님의 삶을 본받는 작은 예수가 되어 살았습니다. 그것이 바로 초대 교회의 모습이었습니다.

우리가 회복해야 할 초대 교회의 모습은 바로 그런 모습입니다. 예수님을 더욱 깊이 생각하며, 그분을 닮은 모습으로 사는 삶 말입니다. 우리 교회가 초대 교회처럼 세상에서는 받을 수 없는 사랑이 있고, 세상에서는 볼 수 없는 진정한 섬김이 있으며, 세상에서는 경험할 수 없는 기쁨이 있길 간절히 바랍니다.

> "그들이 이 말을 듣고 마음에 찔려 베드로와 다른 사도들에게 물어 이르되 형제들아 우리가 어찌할꼬 하거늘" (사도행전 2:37)

베드로의 설교를 들은 사람들이 '마음에 찔려' 했다고 기록하고 있습니다. 원어의 의미는 '심장을 찌르는 아픔을 느꼈다'입니다. 교회 안에서 말씀이 바르게 선포될 때 복음 안에서의 참된 기쁨도 있어야 하지만, 말씀으로 말미암은 '찔림'도 있어야 합니다.

하나님 앞에서 자신의 모습을 돌아보며 부족한 모습, 죄인 된 모습을 자각하고 아파할 수 있어야 한다는 것입니다. 베드로의 설교를 들은 사람들처럼 '어찌할꼬' 하며 통회하고, 자복하는 거룩한 절규가 있어야 합니다.

그러나 오늘날 교회 안에서 설교자들이 심장을 찌르는 듯이 날카롭게 하나님의 말씀을 전하는 것을 두려워합니다. 성도들이 상처받고 교회를 떠날까 염려하는 마음 때문입니다.

고의적으로 어떤 성도를 향해 표적 설교를 해서는 안 되겠지만, 하나님의 뜻을 가감 없이 전할 수 있어야 합니다. 그래야 자신의 죄를 깨닫고 하나님 앞으로 돌아올 수 있기 때문입니다.

> "베드로가 이르되 너희가 회개하여 각각 예수 그리스도의 이름으로 침례를 받고 죄 사함을 받으라 그리하면 성령의 선물을 받으리니 이 약속은 너희와 너희 자녀와 모든 먼 데 사람 곧 주 우리 하나님이 얼마든지 부르시는 자들에게 하신 것이라 하고 또 여러 말로 확증하며 권하여 가로되 너희가 이 패역한 세대에서 구원을 받으라 하니 그 말을 받는 사람들은 침례를 받으매 이 날에 제자의 수가 삼천이나 더하더라" (사도행전 2:38-41)

신앙 간증이 있는 교회

> "저희가 사도의 가르침을 받아 서로 교제하며 떡을 떼며 기도하기를 전혀 힘쓰니라 사람마다 두려워하는데 사도들로 말미암아 기사와 표적이 많이 나타나니 믿는 사람이 다 함께 있어 모든 물건을 서로 통용하고 또 재산과 소유를 팔아 각 사람의 필요를 따라 나눠 주며 날마다 마음을 같이하여 성전에 모이기를 힘쓰고 집에서 떡을 떼며 기쁨과 순전한 마음으로 음식을 먹고 하나님을 찬미하며 또 온 백성에게 칭송을 받으니 주께서 구원받는 사람을 날마다 더하게 하시니라" (사도행전 2:42-47)

초대 교회의 삶은 그야말로 변혁적인 삶이었습니다. 한 번도 경험해

보지 못한 은혜로운 공동체의 모습이었습니다. 하나님께서는 그런 초대 교회에 날마다 구원받는 자의 수가 더하게 하셨습니다.

초대 교회가 은혜로운 교회가 될 수 있었던 까닭이 무엇입니까? 몇 가지 이유가 있겠지만, 무엇보다도 중요한 것은 교회를 이루고 있는 구성원들과 지도자들 때문이었습니다.

초대 교회 성도들 중에는 예수님을 목격한 사람들이 굉장히 많았을 것입니다. 주님이 사역하실 때 그분을 따르는 무리 중에 있었고, 오병이어나 죽었던 나사로를 살리시는 등 주님이 이적을 베푸실 때 그 기적의 현장을 경험한 사람들도 있었을 것입니다.

그들 가운데 어떤 이들은 예수님이 십자가에 못 박히시는 모습도 보았고, 사흘 만에 부활하신 모습도 보았을 것입니다. 성경은 예수님의 부활을 500명이 일시에 보았다고 말씀하십니다. 바로 그들이 초대 예루살렘 교회의 구성원이 되었던 것입니다.

초대 교회에는 아름다운 신앙의 간증이 많았습니다. 주님을 만난 경험이 분명한 사람들이 그곳에 많았습니다. 그 분명한 경험이 영향력 있는 초대 교회, 하나님 나라를 삶으로 살아내는 공동체를 이루는데 원동력이 된 것입니다.

뜨겁게 주님을 만난 경험이 있어야 합니다. 그리고 그 주님을 매일의 삶에서 만나고 경험해야 합니다. 주님을 인격적으로 만난 경험이 없고, 단지 주일에 나와 예배만 드리고 가는 선데이 크리스천으로 산다면 초대 교회는 아직도 먼 거리에 있는 것입니다.

그런가 하면 초대 교회는 베드로와 같은 위대한 사도들이 지도자로 있었습니다. 사도들은 생생한 말씀으로 성도들을 가르쳤습니다. 예수님과 함께 했던 제자들이 예수님의 승천 후 사도가 되었습니다. 그 사도들에게 배운 자들을 속사도라고 하고, 속사도들에게 배운 사람을 교부라고 합니다. 그리고 교부들의 가르침을 따라 예수님을 믿는 사람들을 성도라고 부릅니다.

초대 교회는 그렇게 신실한 지도자들을 통해 말씀이 후대에 계승될 수 있었습니다. 예수님에 대한 바른 지식과 그분이 가르쳐주신 삶을 배움으로써 초대 교회 성도들은 하늘에 속한 삶을 살아낼 수 있었던 것입니다.

오늘의 우리는 사도는 아닙니다. 속사도와 교부도 아닙니다. 그러나 우리는 예수 그리스도의 말씀을 계승받은 성도입니다. 그 거룩한 정체성을 분명히 붙잡고 예수님과 그분의 가르침을 성실하게 배워야 합니다. 예수님을 따르고 그분을 전하는 삶을 살아야 합니다. 그리고 더 나아가 우리의 후대에도 예수님을 전하고, 그들에게 말씀을 계승해줄 책임이 우리에게 있다는 것을 명심해야 합니다.

성령의 역사가 있는 교회

"오순절 날이 이미 이르매 그들이 다같이 한 곳에 모였더니 홀연히 하늘로부터 급하고 강한 바람 같은 소리가 있어 그들이 앉은 온 집에 가득하며 마치 불의 혀처럼 갈라지는 것들이 그들에게 보여 각 사람 위에 하나씩 임하여 있더니 그들이 다 성령의 충만함을 받고 성령이 말하게 하심을 따라 다른 언어들로 말하기 시작하니라" (사도행전 2:1-4)

초대 교회가 어떻게 생겨났습니까? 오순절에 주님이 약속하신 성령이 강림하므로 세워졌습니다. 성령이 시작하신 것입니다. 그들은 성령이 말하게 하심을 따라 말을 했습니다. 내 생각대로, 내 경험대로, 내 논리대로, 내가 학습한 대로가 아니라 성령이 시키시는 말을 한 것입니다.

"우리는 바대인과 메대인과 엘람인과 또 메소보다미아, 유대와 갑바도기아, 본도와 아시아, 브루기아와 밤빌리아, 애굽과 및 구레네에 가까운 리비야 여러 지방에 사는 사람들과 로마로부터 온 나그네 곧 유대인과 유대교에 들어온 사람들과 그레데인과 아라비아인들이라 우리가 다 우리의 각 언어로 하나님의 큰 일을 말함을 듣는도다 하고" (사도행전 2:9-11)

초대 교회 성도들이 성령의 충만함을 받고 한 말이 무엇입니까? '하나님의 큰 일'을 전하기 시작했습니다. 자기를 전한 것이 아닙니다. 하나님의 섭리를 이해하고, 그분의 놀라운 은혜를 전한 것입니다. 예수 그리스도가 하나님의 아들이시며 그분이 바로 고대하던 메시야라는 사실을 전한 것입니다.

놀라운 것은 그들이 하나님의 큰 일을 증거 했을 때, 그곳에 모여 있던 수많은 사람들이 각기 자기 나라의 언어로 들었다는 것입니다. 쉽게 말하면 한국 사람이 한국말로 말하는데 일본 사람이 그 한국말을 일본말로 알아들었다는 것입니다. 땅끝까지 복음이 전해지게 하시려는 하나님의 열심이 얼마나 큰지 알 수 있고, 초대 교회는 그 열심에 붙들린 교회였습니다.

초대 교회의 모습

초대 교회는 극한 환란 가운데 존재했습니다. 당시 유대 권력층인 바리새인들, 서기관들, 대제사장들이 예수님을 추종하는 자들을 잡기 위해 혈안이 되어 있었습니다. 로마 군인들도 예수님을 믿는 사람들을 잡아 사자굴에 던져 넣었습니다. 통에 넣어 톱으로 켜짐을 당했고, 짐승의 가죽을 입혀 광야로 내몰았습니다.

말씀을 전하던 베드로는 옥에 갇히고, 요한도 감옥에 갔습니다. 스데반은 돌에 맞아 순교했습니다. 야고보도 순교했습니다. 얼마나 많은 박해가 있었는지 가늠하기도 어렵습니다. 그러나 그런 어려움 속에서도 초대 교회 성도들은 조금도 좌절하지 않았습니다. 자신의 생명을 드리면서 신앙을 지켰습니다.

바로 그것이 초대 교회의 숭고한 모습입니다. 그들에겐 어떤 고난에도 굴하지 않고 흔들리지 않는 신앙의 지조가 있었습니다. 초대 교회로 돌아가자는 말은 바로 그러한 박해를 감수할 수 있는 신앙을 가져야 한다는 의미입니다. 좋을 때만 예수님을 믿고 일이 잘 풀릴 때만 교회 나오는 것이 아니라, 어떤 환난과 고난이 찾아와도 끝까지 충성할 수 있는 군사가 되어야 한다는 것입니다.

사도행전에 기록된 초대 교회의 모습을 통해 교회의 5대 기능 또는 5대 임무라 할 수 있는 내용을 발견할 수 있습니다.

첫 번째로 예배에 힘썼습니다.

> "날마다 마음을 같이하여 성전에 모이기를 힘쓰고 집에서 떡을 떼며 기쁨과 순전한 마음으로 음식을 먹고" (사도행전 2:46)

초대 교회는 모이기에 힘썼습니다. 그들은 날마다 성전에 모여 하나님을 예배했습니다. 그러나 요즘 성도들은 잘 모이지 않습니다. 일주일에 한 번 모이는 것도 힘겨워합니다. 불과 2, 30년 전만해도 주일 낮 예배, 저녁 예배, 수요 예배, 금요 철야, 새벽 예배를 열심히 드렸는데 이제는 주일에 한 번 모이는 것도 고마워해야 할 지경이 되었습니다.

> "모이기를 폐하는 어떤 사람들의 습관과 같이 하지 말고 오직 권하여 그 날이 가까움을 볼수록 더욱 그리하자" (히브리서 10:25)

성경은 믿음의 사람들이 자주 모여 사랑과 선행을 격려해야 한다고 말씀합니다. 함께 말씀을 나누고, 은혜를 나누고, 삶을 나누라는 것입니다.

예배가 무엇입니까? 하나님 앞에 납작 엎드려 그분만을 높이는 것이 예배입니다. 그렇게 하나님 앞에 예배하는 자에게 하나님은 사랑과 은혜를 부어주십니다. 성도는 그 힘으로 세상을 살아낼 수 있습니다. 그 능력으로 옆에 있는 지체 앞에 엎드려 그들을 섬길 수 있는 것입니다. 예배가 얼마나 중요한지 모릅니다.

두 번째로 말씀 교육과 기도에 힘썼습니다.

> "그들이 사도의 가르침을 받아 서로 교제하고 떡을 떼며 오로지 기도하기를 힘쓰니라" (사도행전 2:42)

초대 교회에는 풍성한 가르침과 배움의 열정이 있었습니다. 그리고 배운 말씀대로 살며 기도에 전념하는 삶을 살았습니다. 말씀이 기반이 되지 않으면 신앙은 오래가지 못합니다. 학자들이 초기 소아시아에 있던 일곱 교회가 왜 없어졌는가를 연구했습니다. 결론은 하나님의 말씀을 구전으로만 들었고, 기록된 말씀을 갖고 있지 않았기 때문이라는 것이었습니다.

말씀에 능력이 있습니다. 위대한 종교개혁은 마틴 루터가 성경을 독일어로 번역하고, 인쇄술이 발전한 것이 모티브가 되었습니다. 말씀이 보급된 까닭에 위대한 종교개혁의 역사가 일어날 수 있었던 것입니다.

예전에는 정치하는 사람과 사제가 될 사람만 공부를 했습니다. 일반인들은 공부를 할 필요가 없었고, 공부를 시키지도 않았습니다. 공부를 했던 사람들이 주로 배운 내용은 라틴어, 히브리어, 헬라어 등 언어였습니다. 왜 언어를 배웠습니까? 언어를 알아야 하나님의 말씀을 공부할 수 있었기 때문입니다.

세계에서 가장 오래된 대학이 어느 대학인지 아십니까? 체코에 있는 프라하 대학입니다. 두 번째 오래된 대학은 오스트리아의 빈 대학입니다. 세 번째는 독일의 하이델베르크 대학입니다. 모두가 600년 이상 된 대학들입니다.

이들 모두 신학교로 시작했습니다. 하나님에 대해 배우고, 그분의 말씀을 가르치기 위해 시작한 학교였습니다. 잘 아시는 미국의 하버드 대학도 신학교로 시작했고, 예일 대학도 신학교로 시작했습니다. 세계적인 유수한 대학들이 다 신학을 가르치기 위해 시작했습니다.

하나님의 말씀을 배우지 않고 온전한 삶을 살아간다는 것은 있을 수 없는 일입니다. 하나님에 대해 배워가고, 그분을 알아가는 것이 인생의 가장 큰 목적이 되어야 합니다. 그렇기에 교회가 얼마나 중요한지 모릅니다. 하나님과 그분의 말씀에 대해 배울 수 있는 곳, 하나님을 경험할 수 있는 곳이 교회이기 때문입니다.

교회에서 하나님을 제대로 전해야 합니다. 열심을 갖고 하나님의 말씀을 배워야 합니다. 설교를 들을 때 다 아는 말씀이라고, 너무 많이 들어서 식상한다고 생각하고 있지는 않습니까?

인간의 지식으로 하나님을 다 알 수 없습니다. 하나님은 평생 배워도 다 알 수 없는 분이고, 그분의 말씀은 들을 때마다 새롭습니다. 말씀의 자리를 사모하십시오.

세 번째로 교제에 힘썼습니다.

성경은 초대 교회 성도들이 사도들의 가르침을 받아 서로 교제하며 떡을 떼었다고 말씀합니다. 아름답고 성숙한 교제가 있었습니다.

그들은 서로의 마음을 나누고 물질을 나누는 공동체였습니다. 유무상통했습니다. 어려운 지체를 위해 기꺼이 자신의 것을 나눌 수 있었고, 더 나아가 형제와 자매를 위해 자신의 생명도 나눌 수 있는 관계를 맺었습니다.

형식적인 교제, 체면치레를 위한 만남이 아니었습니다. 그들은 자기 자신보다 먼저 남을 돌아보았고, 예수 그리스도께서 보여주시고 가르쳐주신 섬김의 도를 실천했습니다.

오늘날 교회의 교제를 생각해보십시오. 과연 여러분은 누군가를 위해 아낌없이 자신의 것을 나눈 경험이 있습니까? 교회의 지체가 어떤 상황에 처해있는지 제대로 알고 있습니까? 어려움을 겪고 있는 지체를 향해 기도해준다는 말은 쉽게 하지만, 자신의 지갑을 열어 섬기는 모습은 잘 볼 수 없습니다.

어쩌면 동아리나 계 모임 등의 사회적인 만남보다 못한 모습인지도 모르겠습니다. 교회에서 교제를 나눈다는 것은 단순히 친교를 나누는 데만 그 목적이 있지 않습니다. 지체의 영혼과 그의 삶, 가정과 자녀들에게 깊은 관심을 가지고 보살피는 아름다운 관계를 맺는 것입니다.

세상 사람들은 누군가를 도우면 꼭 내색을 합니다. 자신의 것을 나누었다고 생각하기 때문입니다. 하지만 성도들은 그렇지 않습니다. 결코 자랑하거나 자신을 드러내지 않고 오히려 숨깁니다. 모든 것을 주님이 주셨고, 주님의 것이 필요한 곳에 흘러간 것이라고 믿기 때문입니다.

네 번째로 전도에 힘썼습니다.

> "하나님을 찬미하며 또 온 백성에게 칭송을 받으니 주께서 구원받는 사람을 날마다 더하게 하시니라" (사도행전 2:47)

초대 교회를 통하여 날마다 믿는 자의 수가 더해져 갔습니다. 교회의 가장 중요한 기능이 바로 전도입니다. 복음을 전해 영혼을 구원하고, 구원받은 자들이 예수님을 닮아가게 하는 일이 계속해서 일어나야 합니다.

어떤 교회가 영혼을 구원하는 일을 하지 못한다면, 그 교회는 존재의 이유를 잃어버린 것입니다. 또 구원받은 성도들이 계속해서 예수님을 닮아가게 하지 못한다면, 그 교회는 책임을 다하고 있지 못한 것입니다.

초대 교회는 전도의 불이 타올랐습니다. 복음을 전하기 위해 수많은 박해를 견뎌냈고 손해를 감수했습니다. 초대 교회로 돌아가자는 말은 복음 전도의 삶으로 돌아가는 것을 의미합니다. 복음을 전하는 곳에 하나님의 역사가 나타납니다. 복음을 전하는 교회를 통해 하나님은 지금도 일하고 계십니다.

요한 웨슬리가 87세 되던 해에 알렉산더 메더에게 보낸 편지에 이런 말이 있습니다.

"죄가 아니고는 전혀 두려워할 것이 없는 사람, 하나님이 아니고는 전혀 원하는 것이 없는 전도자 100명만 저에게 보내 주십시오."

그렇습니다. 영혼을 사랑하는 사람 몇 명만 있으면 교회가 바뀌고, 세상이 바뀌고, 지역 사회가 바뀌고, 역사가 바뀝니다.

다섯 번째로 봉사와 구제에 힘썼습니다.

초대 교회는 일곱 집사들을 뽑아 재정을 맡기고 가난한 자들을 구제하는 일을 하게 했습니다. 그들의 섬김 때문에 초대 교회 안에는 가난한 자가 없었다고 성경은 말씀합니다. 아름다운 구제와 봉사의 모습이 그곳에 있었습니다.

교회 안에 어려운 지체가 있는데, 아무도 그의 상황을 모르고 전혀 돕지 않고 있다면 문제가 있는 것입니다. 하나님께서 교회에 직분자들을 세우신 것은 그 직분을 자랑하고 내세우라는 것이 아닙니다. 부지런히 봉사하고, 성도의 생활을 살피며 구제하게 하시기 위해 세우신 것입니다.

연조가 되어 받은 직분이 아닙니다. 하나님께서 교회와 성도들을 돌보라고 맡기신 직분입니다. 오늘날 한국 교회는 직분자들만 영적 잠에서 깨어나도 다시 새로워질 수 있습니다.

그런가 하면 누구나 하나님께서 주신 은사가 있습니다. 다른 사람을 섬기고 교회를 세우는 일에 쓰임 받을 수 있는 달란트가 있다는 것입니다. 그것을 묻어두지 말고 잘 활용해야 합니다. 몸의 일부가 그 기능을 하지 않는다면 그 몸은 온전한 몸이라 할 수 없습니다.

성경은 교회가 그리스도의 몸이라고 말씀합니다. 각자 자신의 달란트와 은사를 활용하여 주어진 자리를 섬기면 교회는 반드시 세워져 가게 되어 있습니다. 초대 교회처럼 활발한 봉사가 일어나고 많은 사람들에게 선한 영향력을 끼칠 수 있습니다.

종종 어떤 성도들은 일이 너무 바쁘고, 살아가는 것이 벅차 교회에서 봉사할 엄두를 못 낸다는 말을 하곤 합니다. 십분 이해가 되지만, 어찌 보면 그것은 우선순위의 문제일 수 있습니다.

교회는 하나님의 것입니다. 하나님을 삶의 최우선 순위에 두고 그분의 몸을 세워가는 일에 에너지를 쏟는다면, 하나님께서는 그를 그냥 외면하지 않으십니다. 그의 삶은 반드시 하나님이 책임을 지십니다.

많은 사람들이 더 이상 교회에 희망이 없다고 말하는 시대가 되었습니다. 어떻게 보면 정말 그런 것 같기도 합니다. 그러나 다시 교회가 이 땅의 희망이 될 수 있는 방법이 있습니다. 그것은 바로 초대 교회로 돌아가는 것입니다. 우리의 욕심을 내려놓고, 계획을 내려놓고, 하나님께서 디자인하신 그 모습을 되찾아야 합니다.

다시 초대 교회의 모습을 회복해야 합니다. 다시 초대 교회로 돌아갑시다.

'초대 교회와 같은 공동체'에 대해 생각해보기

01. 초대 교회의 모습 중 나에게 가장 큰 도전이 되는 것은 무엇입니까?

02. 교회의 본질은 무엇입니까, 교회의 주인은 누구라고 생각하십니까?

03. 성경이 교회가 그리스도의 몸이라고 말씀하실 때, 그 의미는 무엇입니까?

04. 초대 교회와 같은 공동체가 되기 위해 내가 할 수 있는 일은 무엇입니까?

■ 암송구절 – 사도행전 3:6

chapter 10

삶으로 가르치는 공동체

"그러므로 누구든지 이 계명 중의 지극히 작은 것 하나라도 버리고 또 그같이 사람을 가르치는 자는 천국에서 지극히 작다 일컬음을 받을 것이요 누구든지 이를 행하며 가르치는 자는 천국에서 크다 일컬음을 받으리라" (마태복음 5:19)

삶으로 가르치는 공동체

한국의 많은 교회들이 5월 셋째 주를 스승의 주일 또는 목회자 주일로 지킵니다. '스승의 날'을 맞아 하나님의 말씀을 가르치고, 목양에 힘을 쏟는 목회자와 교사들을 격려하며, 사랑과 존경을 표하는 날이라 할 수 있습니다.

잘 아시다시피, '스승의 날'은 스승의 은덕에 감사하고 교권 존중에 대한 인식을 높이기 위해 제정된 법정 기념일로서, 매년 5월 15일로 지정되어 있습니다.

스승의 날이 제정된 배경을 보면, 1958년 충남 강경여자고등학교의 청소년적십자(JRC, 현 RCY) 단원들이 병환으로 오랫동안 자리에 누워 계시는 선생님을 방문하여 정성껏 간호와 문병을 하고, 그 후로도 퇴직한 은사들을 찾아가 은혜에 감사하는 활동을 지속적으로 실시한 데서부터 시작되었습니다.

이를 의미 있게 여긴 청소년적십자충남협의회는 1963년 9월 21일을 충남도내 '은사의 날'로 정하여 스승의 은혜를 가슴에 새기고 그 은혜에 보답하는 행사를 개최하였습니다. 그 다음 해인 1964년에 청소년적십자중앙학생협의회는 명칭을 '스승의 날'로, 날짜도 5월 26일로 변경하였습니다.

1965년부터는 세종 대왕 탄생일인 5월 15일로 날짜를 변경하여 지키기 시작했는데, 이는 세종 대왕이 훈민정음으로 백성을 일깨워 한민족의 큰 스승으로 존경받고 있기 때문입니다. 스승의 날이 국가 기념일이 된 것은 1982년 '각종 기념일에 관한 규정'에 스승의 날이 포함되면서부터입니다.

진정한 스승이 필요하다

> "하나님의 말씀을 너희에게 일러 주고 너희를 인도하던 자들을 생각하며 그들의 행실의 결말을 주의하여 보고 그들의 믿음을 본받으라" (히브리서 13:7)

히브리서에는 예수님을 깊이 생각하라는 권면도 있지만, 그분의 말씀을 가르쳐 준 사람들도 생각하라는 말씀도 있습니다. 말씀을 전하는 목회자만을 말하는 것이 아닙니다. 주일학교 교사, 소그룹 모임을 인도하시는 모든 장로님, 권사님, 집사님들을 다 포함하는 말입니다.

여러분은 말씀을 가르쳐주고, 목양에 힘을 쏟는 분들을 과연 얼마나 생각하십니까?

바른 교훈을 통해 하나님이 어떤 분이신지 알게 해주고, 그분을 어떻게 섬기고 따라야 하는지 삶으로 보여주는 스승이 있다는 것은 그 무엇보다도 감사할 일입니다.

김요셉 목사님이 쓴 『삶으로 가르치는 것만 남는다』라는 책에 이런 내용이 나옵니다.

초등학교 4학년이 되던 해 여름이었다. 우리 가족은 어머니의 고향 미시건으로 여행을 떠났다. 한국이라는 낯선 나라에서 외롭게 사신 어머니와 혼혈이라는 꼬리표를 달고 한국 학교를 다녔던 저와 동생들에게 그 시간은 하나님이 주신 특별한 선물과도 같았다.

미시건에 있는 한 크리스천 스쿨에 입학했다. 처음 보는 미국인 학교, 학교 정문이 점점 가까워지자 가슴이 콩닥콩닥 뛰었다. '학교 가면 아이들이 나를 좋아할까? 생김새가 비슷하니 날 놀리는 아이들은 없겠지? 공부는 따라갈 수 있을까? 엄마랑 영어로 말은 할 수 있지만, 영어 공부를 해본 적은 없는데, 영어 책도 읽을 줄 모르는데….'

4학년 교실에 배정되었다. 부모님을 뒤로 하고 교실에 들어서니 또다시 심장이 쿵쾅거렸다. 한국의 교실 풍경과 다른 데 우선 놀랐다. 한국에서는 한 반에 60명이 넘었는데, 여기는 고작 30명이 전부라니. 나와 비슷하게 생긴 아이들이 이렇게 많다니!
첫 시간은 스펠링 수업 시간이었다. 선생님은 두툼한 단어 카드를 손 안에 감추고 말했다.
"이쪽 앞줄부터 시작이야! 스프링!"
그랬더니 맨 앞줄 아이가 일어나서 말했다.
"에스 피 알 아이 엔 지!"
"좋아! 다음! 뉴스페이퍼!"

걱정이 태산이었다.
'난 들을 줄만 알지 스펠링은 모르는데, 어떡하지!'

선생님이 물어보는데 내가 아는 단어가 하나도 없었다. 스펠링을 척척 알아맞히는 아이들이 너무나 대단해 보였다. 가끔 스펠링이 틀리면 선생님은 카드를 내밀어 철자를 보여주셨다. 점점 내 차례가 다가왔다.

나는 그만 숨어 버리고만 싶었다.
'어떻게 하지? 하필이면 스펠링 수업이 첫 시간일 게 뭐람! 앞으로 창피해서 학교를 어떻게 다니지? 정말 어떻게 해….'
고개가 점점 수그러졌다.
'어쩌면, 전학 왔다고 선생님이 봐주시지 않을까?'

"김요셉! 요셉이는 앞으로 나와 봐!"

내 기대는 무참히 깨졌다. 봐 주기는커녕 칠판 앞으로 불러내시다니! 이제 웃음거리가 되거나 바보가 되거나 둘 중 하나였다. 도살장에 끌려가는 소처럼 발걸음이 떨어지지 않았다.

주먹을 움켜쥐고 눈을 내리깐 채 칠판 앞에 섰다. 선생님은 단어 카드를 들고 내 옆으로 다가오셨다. 바지에 오줌을 싸기 직전이었다.

"너희들, 이야기했지? 한국에서 온다는 선교사님 자녀 말이야. 얘가 바로 그 요셉이야. 요셉이는 한국이라는 곳에서 태어나서 우리와 전혀 다른 말을 배우며 자라나서 한국어를 아주 잘한단다. 요셉아, 선생님 이름을 한국어로 써 줄래?"

"네?"

난 내 귀를 의심했다. 눈물이 왈칵 쏟아질 뻔했다.
'한국어로 쓰라고? 영어가 아니고? 그것도 달랑 이름 하나를?'

"선생님 이름은 샤프야!"

나는 칠판에 선생님의 이름을 한글로 또박또박 적었다. 그까짓 식은 죽 먹기였다. 그러자 여기저기서 탄성과 환호가 터져 나왔다.

"내 이름도 한국어로 써 줘! 내 이름은 탐이야!"
"나도! 나는 메리야!"
"나는 수잔!"

이름을 적을 때마다 아이들은 감탄사를 내뿜으며 박수를 쳤다.

근심과 두려움이 순식간에 기쁨과 자신감으로 바뀌었다. 선생님은 그만 자리에 들어가 앉으라고 말씀하셨다.

"얘들아, 요셉이가 한국말을 참 잘하지? 너희도 선교사가 되려면 다른 나라 말을 이렇게 잘해야 하는 거야."

그때 난 한 줄기 따뜻한 빛을 느꼈다. 환하고 고운 빛이 내 안 어딘가에 숨어 있는 어두움을 몰아냈다. 나는 수줍음, 자랑스러움이 뒤섞인 미소를 띤 채 자리로 돌아왔다.

어느 결에 소문이 났는지, 수업이 끝난 후에는 다른 반 아이들에 형들까지 내게 몰려들어 왔다.

"야, 너희 반에 다른 나라 말 잘하는 아이가 있다며? 너구나! 내 이름도 써 줘!"

나는 학교의 스타로 급부상했다. 학교를 다니는 1년 내내 얼마나 인기가 대단했는지 모른다. '한국어로 이름 쓰기'가 1년 내내 대유행이었다. 그날의 일을 떠올리면, 아직도 가슴이 뜨거워진다. '영어도 못하는 아이'가 될 뻔했던 나를 선생님은 '한국어 잘하는 아이'로 만들어 주셨다. 샤프 선생님은 나를 알았고 나의 아픔을 충분히 감지하셨다. 그날 샤프 선생님은 계획한 학습 진도는 나가지 못했지만, 한 아이를 부끄럽게 하지 않으시고 인생을 빛 가운데로 인도해 주셨다.

여러분의 가슴 속에는 과연 그런 스승이 있으십니까? 평생을 두고 잊을 수 없는 스승, 생각만 해도 감사하고 그리워지는 그런 스승 말입니다.

역사 속에 위대한 흔적을 남긴 사람들은 모두 다 훌륭한 스승들이 있었습니다.

『징비록』으로 유명한 서애 유성룡에게는 퇴계 이황이라는 스승이 있었습니다. 퇴계 이황이 유성룡을 가르치며, "이 청년은 하늘이 내린 사람이다"라고 칭찬해 준 일화는 잘 알려진 이야기입니다. 유성룡은 이황을 평생의 스승으로 모시며 후에는 그를 흠모하는 마음으로 『퇴계선생문집』을 간행하기도 했습니다.

헬렌 켈러(Helen Adams Keller)는 듣지도 보지도 말하지도 못하는 삼중고의 장애를 겪었지만, 래드클리프 대학을 우등생으로 졸업한 후 전 세계 장애인 복지 사업에 큰 공헌을 했습니다. 그녀의 곁에는 앤 설리반이라는 훌륭한 스승이 있었습니다.

그뿐 아닙니다. 파블로 피카소(Pablo Ruiz Picasso)에게는 폴 세잔(Paul Cezanne)이라는 스승이 있었습니다. 그는 이렇게 말했습니다.
"세잔은 나의 유일한 스승이다. 물론 나는 그의 그림을 보았다. 아니, 여러 해 동안 연구했다. 그는 우리 모두에게 아버지 같은 존재다."

미켈란젤로(Michelangelo)는 "천재가 어떤 사람인지 모르는 사람은 미켈란젤로를 보라"는 말이 있을 정도로 르네상스 시대의 천재적인 예술가로 잘 알려져 있습니다. 그는 성 베드로 성당, 천지 창조로 잘 알려진 시스티나 성당의 천정화, 다윗상, 피에타 등 위대한 작품을 많이 남겼습니다.

미켈란젤로도 14살에 위대한 스승 보톨도 지오바니(Bertoldo Giovanni)를 만났습니다. 지오바니는 미켈란젤로의 탁월한 재능을 알아보고 그를 데리고 두 군데를 가서 보여줍니다. 처음으로 간 곳은 술집이었습니다. 그곳에는 멋진 조각상이 있었습니다. 미켈란젤로는 그곳에서 사람들이 그 조각상을 보고 즐기며 술을 마시는 모습을 보게 됩니다.

다음으로 간 곳은 예배당이었습니다. 그곳에는 성경 속 이야기를 담고 있는 아름다운 조각상들이 있었습니다. 그때 지오바니가 물었습니다.

"예배당에 있는 조각상과 술집에 있는 조각상 중 어느 것이 마음에 드느냐? 예배당에 있는 조각상은 하나님의 영광을 위하여 조각한 것이고, 술집에 있는 조각상은 쾌락을 추구하며 즐기는 자들을 위하여 조각한 것이다. 훌륭한 조각가가 되기 위해선 가지고 있는 재주를 더 연마하는 것보다, 네 기술을 무엇을 위해 쓸 것인지부터 먼저 명확하게 결정 내려야 한다. 미켈란젤로, 너는 무엇을 위하여 조각을 하겠느냐?"

그때 미켈란젤로가 똑같은 대답을 세 번 했습니다.

"하나님을 위하여! 하나님을 위하여! 하나님을 위하여! 사용하겠습니다."

위인들의 뒤에는 언제나 그들을 만든 스승이 있었습니다. 위대한 스승들이 보여준 진정한 교육 덕분에 위인들은 자신의 시간과 에너지와 재능을 누구를 위하여 써야 하는지 명확히 깨달을 수 있었던 것입니다.

진정한 스승이 필요합니다. 단지 기술을 가르치고, 공식만 가르치는 스승이 아니라 누구를 위하여 시간과 재능과 에너지를 사용해야 하는지 가르쳐 줄 수 있는 그런 스승 말입니다.

스승이 있는 민족은 소망이 있다

유대인의 인구는 약 1,500만 명 정도로 전 세계 인구 70억 명의 0.2%에 불과합니다. 그런데 전체 노벨상의 30%를 유대인이 수상했습니다. 그중 노벨 경제학상은 60%가 유대인에게 돌아갔습니다.

미국의 중앙은행 격인 연방준비은행(FRB)의 의장은 유대인들이 거의 독식을 하고 있습니다. 세계의 경제 대통령이라 할 수 있는 역대 의장 15명 중 11명이 유대인이었습니다.

그뿐 아닙니다. 미국 대형 금융사 JP모건과 골드만삭스의 창립자도 유대인이고, 초일류 기업 구글과 페이스북 창업자도 유대인입니다. 미국의 주요 언론과 방송, 영화계도 유대인들이 장악하고 있으며 세계 거대 석유 자본도 대부분 유대인이 소유하고 있습니다.

그러한 유대인들의 힘은 도대체 어디서 나오는 것일까요? 많은 사람들이 연구한 결과 내린 결론은 그들의 교육이었습니다. 유대인 교육하면 빼놓을 수 없는 것이 '랍비'입니다. '랍비'는 유대교의 율법학자를 이르는 말로서, '나의 스승, 나의 주인'이라는 뜻을 가지고 있습니다.

지금도 유대인 사회에서 랍비는 대단한 위치를 차지하고 있습니다. 랍비는 무조건 존경의 대상이 되고 경의를 표해야 하는 존재입니다. 유대인들이 랍비를 존경하는 모습 속에서 교육에 대한 그들의 철학을 엿볼 수 있습니다.

유대인들은 랍비를 부모보다 더 존경하고 우대하라고 가르칩니다. 만약 아버지와 랍비가 함께 물에 빠졌을 때는 랍비를 먼저 구하고 난 다음에 아버지를 구하라고 합니다. 놀라운 것은 랍비들이 그렇게 가르치는 것이 아니라, 부모들이 그렇게 가르친다는 것입니다. 가르침을 주는 선생님을 존경하고 귀하게 여기는 태도에서부터 오늘날 유대인들의 영향력이 시작된 것이 아닌가 싶습니다.

스승이 있는 민족에게는 소망이 있습니다. 가르침을 주는 사람들을 존경하고 사랑하시길 바랍니다.

그 가운데 특별히 하나님의 말씀을 가르치고, 말씀대로 살 수 있도록 목양의 수고를 아끼지 않는 목회자들과 교사들, 그리고 소그룹 리더들을 귀하게 여기시길 바랍니다. 그들 까닭에 우리네 인생이 붙들고 살아야 할 소망을 발견할 수 있다는 것을 기억하십시오.

가르치기 전에 먼저 사랑하라

제가 섬기고 있는 중앙예닮학교가 개교한지 얼마 되지 않았을 때, 학교에 잘 적응을 하지 못하던 친구가 한 명 있었습니다. 중학교 1학년 아이인데 하루에 담배 두 갑을 피우던 아이였습니다. 이 아이가 학교에 들어와 담배를 못 피우니까 금단현상이 나타났습니다. 스스로 안 피우려고 노력을 해도 잘 안 되었던 것입니다. 선생님들이 그 친구를 어떻게 하면 좋을지 고민을 많이 했습니다.

제가 선생님들에게 규범으로만 접근하지 말고, 먼저 그 친구가 사랑을 느낄 수 있게 해주는 것이 먼저라고 이야기해줬습니다. "담배를 피우다 몇 번 걸렸으니 앞으로 이런 징계를 받을 것이다"라고 경고만 할 것이 아니라, 나름대로 노력하고 있는 그 친구의 마음을 먼저 헤아려 주라고 했습니다.

'선생님들이 정말 나를 사랑해서 이러시는구나.' 그걸 느낄 수 있게 해줘야 하기 때문입니다.

> "내가 너희를 부끄럽게 하려고 이것을 쓰는 것이 아니라 오직 너희를 내 사랑하는 자녀 같이 권하려 하는 것이라" (고린도전서 4:14)

벌만 주고, 징계만 한다면 그건 진정한 교육이 아닐 것입니다. 성경은 사랑하는 자녀같이 권하라고 말씀합니다. 아이들은 사랑을 느낄 때 변하게 되어 있습니다. 혼이 나도, 매를 맞아도 나를 사랑해서 그런다는 것만 알면 반드시 변하게 되어 있습니다. 이 시대에 정말 필요한 교육은 사랑의 토대 위에서 감동을 주는 교육입니다.

윌리엄 아서 루이스(William Arthur Lewis)는 이런 말을 남겼습니다. "평범한 스승은 가르치는 말을 합니다. 좋은 스승은 자상한 설명을 합니다. 월등한 스승은 실제로 본을 보여줍니다. 위대한 스승은 제자들에게 말과 행동을 통하여 감동을 줍니다."

20세기의 위대한 신학자 칼 바르트(Karl Barth)가 미국의 한 대학에서 강연을 마치고 나갈 때, 어떤 사람이 다가와 물었습니다.
"교수님은 한평생 많은 연구를 하시고 학생들을 가르치시며 책도 많이 쓰셨는데, 그 과정에서 깨달은 가장 중요한 핵심은 무엇입니까?"

그 질문을 받고 칼 바르트는 어릴 때부터 즐겨 부르던 찬송을 불렀습니다. "날 사랑하심, 날 사랑하심, 날 사랑하심 성경에 써있네."

칼 바르트는 평생에 걸친 연구 끝에 깨달은 신학의 진수는 "예수님의 사랑"이라고 말했습니다. 과거에도 나를 사랑하시고, 지금도 사랑하시고, 미래에도 사랑하실 예수님의 사랑에 대한 깨달음이 가장 중요한 깨달음이라는 것입니다.

성경은 사람을 변화시킵니다. 성경에 나타난 예수님의 사랑 때문입니다. 진정한 교사는 성경 속에 충만하게 계시된 예수님의 사랑이 얼마나 크고 깊고 넓은지를 가르쳐 주는 사람입니다. 가르침을 통해 예수님의 사랑을 보여줄 수 있는 스승이 그리운 시대입니다.

삶으로 가르치는 스승

"그러므로 누구든지 이 계명 중의 지극히 작은 것 하나라도 버리고 또 그같이 사람을 가르치는 자는 천국에서 지극히 작다 일컬음을 받을 것이요 누구든지 이를 행하며 가르치는 자는 천국에서 크다 일컬음을 받으리라" (마태복음 5:19)

인류 역사상 가장 위대한 스승은 바로 예수 그리스도이십니다. 예수님은 행하며 가르치는 자가 천국에서 크다 일컬음을 받을 것이라고 말씀하셨습니다. 정말 중요한 진리입니다. 말로만 가르치고 머리로만 전달하는 것이 아닙니다. 삶으로 보여주는 가르침이 필요합니다.

"예수께서 그들에게 이 비유로 이르시되 너희 중에 어떤 사람이 양 백 마리가 있는데 그 중의 하나를 잃으면 아흔아홉 마리를 들에 두고 그 잃은 것을 찾아내기까지 찾아다니지 아니하겠느냐 또 찾아낸즉 즐거워 어깨에 메고 집에 와서 그 벗과 이웃을 불러 모으고 말하되 나와 함께 즐기자 나의 잃은 양을 찾아내었노라 하리라 내가 너희에게 이르노니 이와 같이 죄인 한 사람이 회개하면 하늘에서는 회개할 것 없는 의인 아흔아홉으로 말미암아 기뻐하는 것보다 더하리라" (누가복음 15:3-7)

주님이 말씀하신 잃은 양의 비유를 보십시오. 목자가 백 마리의 양을 기르다가 한 마리를 잃어버리면, 아흔아홉 마리 양을 우리에 두고 한 마리 양을 찾아내기까지 찾아다닌다고 말씀하십니다.

세상의 가치로 보자면 한 마리보다 아흔아홉 마리가 더 중요합니다. 한 마리 잃어버린 걸 교훈 삼아 아흔아홉 마리를 더 잘 지키기 위한 노력을 할 것입니다. 그런데 목자는 잃어버린 한 마리를 찾아내기까지 어떠한 수고도 아끼지 않는다는 것입니다. 주님이 바로 그런 목자이심을 가르쳐주신 것입니다.

생각해 보십시오. 목자가 낭떠러지 가시덩굴 속에서 양을 발견하고 건져내어 어깨에 메고 집에 돌아오는 모습을 나머지 아흔아홉 마리 양이 보았을 것입니다. 아흔아홉 마리 양들은 그 모습을 보면서 어떤 생각이 들었을까요?

'나도 혹시 길을 잃으면 목자가 저렇게 나를 찾으러 오실 거야.'

목자의 사랑을 더욱 깊이 느끼고, 목자를 더욱 신뢰하게 될 것입니다. 주님은 죄인을 향한 사랑을 십자가에서 보여주셨습니다. 말로만 사랑하신 것이 아니라 삶으로 보여주시고 가르쳐주셨습니다. 그래서 우리는 그 사랑에 온전히 순복할 수 있게 된 것입니다.

> "그들의 발을 씻으신 후에 옷을 입으시고 다시 앉아 그들에게 이르시되 내가 너희에게 행한 것을 너희가 아느냐 너희가 나를 선생이라 또는 주라 하니 너희 말이 옳도다 내가 그러하다 내가 주와 또는 선생이 되어 너희 발을 씻었으니 너희도 서로 발을 씻어 주는 것이 옳으니라 내가 너희에게 행한 것 같이 너희도 행하게 하려 본을 보였노라 내가 진실로 진실로 너희에게 이르노니 종이 주인보다 크지 못하고 보냄을 받은 자가

보낸 자보다 크지 못하나니 너희가 이것을 알고 행하면 복이 있으리라"
(요한복음 13:12-17)

요한복음 13장에는 예수님께서 제자들의 발을 씻기는 장면이 나옵니다. 주님이 제자들의 발을 다 씻기신 후에 말씀하십니다.
"내가 너희들의 발을 씻겨준 것은 너희도 이렇게 하게 하려고 본을 보인 것이다."

주님은 제자들에게 "너희는 서로 섬기는 자들이 되어라"라고 말씀하신 것이 아니라, 어떻게 섬겨야 하는지를 먼저 행동으로 보여주셨습니다. 삶으로 가르쳐 주신 것입니다.

종들이 주인의 발을 씻겨주고, 제자가 선생의 발을 씻겨주는 것이 당연한 시대에 주님은 손수 제자들의 발을 씻어 주셨습니다. 당시에 선생이 제자들의 발을 씻겨주는 일은 상상도 할 수 없는 일이었습니다.

주님은 스스로를 낮추시고 제자들의 발을 씻기심으로 섬김을 가르쳐주셨습니다. 제자들은 온 우주만물을 지으신 하나님의 섬김을 받은 것입니다. 그런 그들이 어찌 누군가로부터 섬김을 받으려 할 수 있겠습니까? 그들은 배운 바대로, 본 바 그대로 서로를 섬기는 삶을 살고자 했을 것입니다.

주님이 삶으로 가르치는 스승이 되어주신 것처럼, 가르치는 자는 삶으로 가르치는 스승이 되어야 합니다. 삶으로 가르치는 것보다 강력한 가르침은 없습니다. 삶으로 가르치는 것보다 위대한 가르침은 없습니다. 삶으로 가르치는 것만 남습니다.

우리 모두는 누군가의 스승이다

스승의 날은 어쩌면 공식적으로 누군가를 가르치는 사람들을 위한 날이라고 생각할 수 있으나 그렇지 않습니다. 우리 모두에게 의미가 있는 날일 수 있습니다. 왜냐하면 우리 모두는 누군가에게 스승이 될 수 있기 때문입니다.

일본 속담에 '자녀들은 아버지의 등을 보고 자란다'라는 말이 있습니다. 아이들은 부모의 말이 아니라 행동을 보고 자란다는 것입니다. 그렇기에 모든 부모는 자녀들에게 가장 가까운 스승이라 할 수 있습니다.

자녀들이 부모의 등을 보고 자란다면, 아직 예수님을 모르는 사람들은 성도들의 등을 보고 예수님을 알아간다고 할 수 있습니다. 다시 말해 우리 주변에 아직 예수님을 믿지 않는 이웃들과 직장 동료, 그리고 친인척들은 우리의 삶과 행동을 보고 예수님을 믿게 된다는 것입니다.

그럼에도 불구하고 어쩌면 그동안 한국 교회 성도들은 말에는 아주 능한 사람들이 되었지만, 삶에는 무능한 사람들이 된 것이 아닌가 하는 아쉬운 마음이 듭니다.

예수님을 전한다는 것은 말로만 하는 것이 아닙니다. 삶으로 예수님을 보여줘야 합니다. 세상은 더 이상 예수님에 대해 듣고 싶어 하지 않습니다. 이제는 예수님을 보고 싶어 합니다.

그런 의미에서 모든 성도들은 삶으로 가르치는 스승이 되어야 합니다. 삶으로 예수님을 보여줄 수 있어야 한다는 것입니다.

"내가 그리스도를 본받는 자가 된 것 같이 너희는 나를 본받는 자가 되라" (고린도전서 11:1)

바울은 예수님을 그대로 본받는 삶을 살았습니다. 그리고 자신을 본받으라고 했습니다. '본받다'는 것은 앞서 눈 위를 걸어간 사람이 남긴 발자국을 뒤에 가는 사람이 그대로 밟으며 따라가는 것을 의미합니다.

예수님을 따라간 사람만이 다른 누군가도 예수님을 따를 수 있도록 가르치는 삶을 살 수 있는 법입니다. 제자는 스승을 그대로 따라하는 자를 가리키는 말입니다. 예수님이 친히 보여주신 삶을 그대로 본받고, 그분이 걸어가신 그 길을 뒤따르는 제자가 되십시오.

말뿐인 신앙이 아니라 행동하는 신앙으로 주변 사람들과 자녀들, 그리고 후대에 이르기까지 본이 될 수 있는 삶, 선한 영향력을 끼칠 수 있는 삶을 사시길 바랍니다.

'삶으로 가르치는 공동체'에 대해 생각해보기

01. 가장 기억에 남는 선생님이 있습니까, 그분은 어떤 분이셨습니까?

02. 마태복음 5:19에서 예수님은 어떻게 가르쳐야 한다고 하셨습니까?

03. 요한복음 13:12-17에서 볼 수 있는 예수님은 어떤 선생님이셨습니까?

04. 누군가에게 본이 되는 삶을 살기 위해 노력해야 할 모습은 무엇입니까?

■ 암송구절 – 고린도전서 4:14

chapter 11

화목으로
회복되는
공동체

"그런즉 누구든지 그리스도 안에 있으면 새로운 피조물이라 이전 것은 지나갔으니 보라 새 것이 되었도다 모든 것이 하나님께로서 났으며 그가 그리스도로 말미암아 우리를 자기와 화목하게 하시고 또 우리에게 화목하게 하시는 직분을 주셨으니 곧 하나님께서 그리스도 안에 계시사 세상을 자기와 화목하게 하시며 그들의 죄를 그들에게 돌리지 아니하시고 화목하게 하는 말씀을 우리에게 부탁하셨느니라 그러므로 우리가 그리스도를 대신하여 사신이 되어 하나님이 우리를 통하여 너희를 권면하시는 것 같이 그리스도를 대신하여 간청하노니 너희는 하나님과 화목하라 하나님이 죄를 알지도 못하신 이를 우리를 대신하여 죄로 삼으신 것은 우리로 하여금 그 안에서 하나님의 의가 되게 하려 하심이라"
(고린도후서 5:17-21)

화목으로 회복되는 공동체

화목하게 지내고 계십니까? 가정에서 부부 사이가 좋고 자녀와 형제자매간에 화목하게 지내고 계십니까? 교회 내에서 성도들과의 관계는 어떻습니까? 소그룹 목장 모임이나 기타 소속된 여러 공동체 안에서 화목하게 지내십니까?

더 나아가 직장에서 상관이나 동료, 부하 직원들과의 관계는 어떻습니까? 학교를 다니는 학생이라면 선생님을 포함하여 주변 친구들과의 관계는 어떻습니까? 과연 화목하게 지내고 있습니까?

얼마 전까지만 해도 서로를 향해 그렇게 비난하고 대립하던 남북한이 평화를 정착시키고, 서로 화목하며 살 수 있을까요? 화목을 원치 않는다는 말이 아닙니다. 정말로 남과 북이 성경이 말하는 '화목'의 관계가 될 수 있겠는지를 묻는 것입니다. 성경은 단순한 화해나 전쟁이 없는 상태를 '화목'이라 하지 않습니다.

우리 스스로를 생각해 보십시오. 굉장히 가깝게 지내다가도 돈 몇 푼만 걸리면 금방 원수처럼 변합니다. 몇 마디 말에 오해만 생겨도 얼굴을 돌린 채 살아갑니다. 핏줄을 나눈 형제들이 유산 때문에 서로 미워하고 원수가 되어 살아가기도 합니다. 아이들의 사소한 다툼 때문에 원수가 되는 부모들도 얼마나 많은지 모릅니다.

어쩌면 우리는 화목보다는 불화에 더 익숙한 것이 아닌가 싶습니다. 우리 각 개인이 그런 존재인데, 6.25의 상흔을 가진 채 지금까지 수십 년 동안을 원수처럼 지내던 남과 북이 화목하게 살아간다는 것은 정말 어려운 일일 것입니다.

하나님께서 이루신 화목

과연 인생사에 진정한 화목이 있을 수 있을까요? 지혜의 보고인 잠언은 우리에게 이렇게 말씀합니다.

> "노엽게 한 형제와 화목하기가 견고한 성을 취하기보다 어려운즉 이러한 다툼은 산성 문빗장 같으니라" (잠언 18:19)

화해한다는 것, 잃어버린 화목을 다시 찾는 것이 얼마나 어려운지를 단적으로 보여줍니다. 노여운 관계, 불편한 관계, 사이가 좋지 않던 관계에 있던 사람들이 다시 화목하게 되기란 쉽지 않습니다.

성경은 또 이렇게 말씀합니다.

> "그러므로 예물을 제단에 드리려다가 거기서 네 형제에게 원망들을 만한 일이 있는 것이 생각나거든 예물을 제단 앞에 두고 먼저 가서 형제와 화목하고 그 후에 와서 예물을 드리라" (마태복음 5:23-24)

하나님 앞에 예배를 드리려다가 누구한테 잘못한 일이 생각나거든 먼저 그와 화목하고 와서 예배를 드리라는 것입니다. 화목이 예배보다 우선되어야 한다고 말씀하십니다.

> "마른 떡 한 조각만 있고도 화목하는 것이 육선이 집에 가득하고도 다투는 것보다 나으니라" (잠언 17:1)

고기와 생선이 집안에 가득 넘쳐 나는 것보다 더 중요한 것은 화목하게 지내는 것이라고 말씀합니다.

> "할 수 있거든 너희로서는 모든 사람과 더불어 화목하라" (로마서 12:18)

> "형제들아 우리가 너희에게 구하노니 너희 가운데서 수고하고 주 안에서 너희를 다스리며 권하는 자들을 너희가 알고 그들의 역사로 말미암

> 아 사랑 안에서 가장 귀히 여기며 너희끼리 화목하라" (데살로니가전서 5:12-13)

바울은 가능한 모든 사람과 화목하게 지내라고 권면합니다. 믿지 않는 사람들과도 화목하게 지내라는 것입니다. 또한 교회 안에서도 그리스도 안에서 한 형제요 자매인 지체들과 더불어 화목하게 지낼 것을 당부합니다. 목회자와 성도 사이에 화목이 있어야 합니다. 성도와 성도 사이에 화목이 있어야 합니다.

> "너는 하나님과 화목하고 평안하라 그리하면 복이 네게 임하리라" (욥기 22:21)

무엇보다도 먼저 생각해야 할 화목이 있다면 그것은 바로 하나님과의 화목입니다. 여러분은 과연 하나님과 화목하십니까, 하나님과의 관계가 원만하고 좋으십니까?

성경이 말씀하는 화목(reconciliation)이란 무엇입니까? 단순한 화해를 뜻하는 단어가 아닙니다. 헬라어로는 '카탈라게(καταλλαγή)'인데, 화해와 용서를 포함하며 더 나아가 둘 사이의 갈등까지도 완전히 해소하는 것을 말합니다.

하나님과 화목케 되었다는 것의 의미가 무엇입니까? 우리는 모두 하나님과의 관계가 무너진 죄인들이었습니다. 하나님을 대적하는 원수였습니다. 심판을 받아 영원한 형벌을 피할 수 없었던 사람들이었습니다. 그러나 죄로 인해 파괴되고 무너졌던 관계가 예수 그리스도의 죽으심과 부활하심에 의해서 회복되었고, 예수 그리스도를 믿고 영접함으로써 하나님의 원수가 아닌 그분의 자녀가 되었습니다. 그것이 화목입니다.

하나님은 공의로우신 분이셔서 작은 죄 하나라도 그냥 넘어가실 수 없으십니다. 그러나 동시에 하나님은 사랑이 충만하셔서 그 어떤 죄인도 용납하실 수 있으십니다.

공의의 측면에서 보자면 죄를 지은 모든 사람은 심판을 받아 영원한 형벌로 들어가야 합니다. 사랑의 측면에서 보자면 죄를 지은 사람들도 형벌을 받지 않도록 해야 합니다. 어떻게 보면 딜레마처럼 보입니다. 공의를 앞세우면 사랑이 다치고, 사랑을 내세우면 공의가 다치게 되기 때문입니다.

하나님은 이 문제를 예수 그리스도 안에서 해결하셨습니다. 인류의 모든 죄를 예수 그리스도에게 모두 전가시키셨습니다. 죄 없으신 예수님은 그 모든 죄를 대신 다 지시고 십자가에서 죽으셨습니다. 인류의 모든 죄 값을 완벽하게 치루셨습니다.

예수 그리스도께서 나의 죄를 대속하시기 위해 십자가에서 죽으셨다는 사실을 믿고, 예수님을 구주와 주님으로 영접하는 사람은 그 어떤 죄를 지었어도 용서해주시고 사랑으로 품어주십니다.

하나님의 사랑은 그렇게 나타났습니다. 공의와 사랑을 만족시키시기 위하여 예수님께서 십자가에 화목제물이 되신 것입니다. 그로써 하나님과 우리 사이에 화목한 관계를 이루어 내신 것입니다.

우리가 한 일은 아무 것도 없습니다. 예수 그리스도께서 우리를 위해 대신 죽어주심으로써 하나님과 화목하게 될 수 있는 길을 열어주셨습니다. 오직 예수님밖에 없습니다. 예수님을 구주와 주님으로 영접하는 것 외에 하나님과의 관계를 화목하게 할 수 있는 방법은 없습니다.

성도는 매일의 삶 가운데 화목제물로 자신을 내어주신 예수님의 사랑과 은혜에 감사하며, 그분을 닮아 세상에서 화목의 메신저로 살아가야 할 것입니다.

속에 소금을 두고 화목하라

구약 시대에는 하나님께 화목제물을 드릴 때, 소금을 치고 불을 살라서 제물로 드렸습니다.

> "네 모든 소제물에 소금을 치라 네 하나님의 언약의 소금을 네 소제에 빼지 못할지니 네 모든 예물에 소금을 드릴지니라" (레위기 2:13)

이때 제물에 치는 소금을 소위 언약의 소금(The salt of covenant)이라 합니다. 소금은 제물을 정결하게 하는 것이고, 불은 모든 것을 태워버리는 것입니다. 이 소금에 대한 이야기가 마가복음에도 나옵니다.

> "사람마다 불로써 소금 치듯 함을 받으리라 소금은 좋은 것이로되 만일 소금이 그 맛을 잃으면 무엇으로 이를 짜게 하리요 너희 속에 소금을 두고 서로 화목하라 하시니라" (마가복음 9:49-50)

'사람마다 불로써 소금 치듯 함을 받으리라'는 말씀은 이해하기가 어렵습니다. 영어 성경(NIV)에는 'Everyone will be salted with fire'라고 되어 있습니다. 소금을 먼저 치고 불사름으로써 정결케 된다는 말씀입니다.

새 번역은 '모든 사람이 다 소금에 절이듯 불에 절여질 것이다'라고 번역했습니다. 하나님의 언약의 말씀에 따라 세상은 반드시 심판을 받게 되어 있습니다.

성도들은 모두 그 심판에서 구원을 받은 자들입니다. 그러나 구원받았다고 안심하며 함부로 살지 말고, 소금으로서의 분명한 정체성을 가지고 살면서 다른 사람들도 하나님과의 관계를 회복할 수 있도록 하라는 것입니다. 그것이 바로 '너희 속에 소금을 두고 서로 화목하라'는 말씀의 의미입니다.

성도들은 이 땅에 사는 동안 하나님께서 우리를 사랑하신 것처럼 이웃을 사랑하고, 용서하고 품어주며 살아야 합니다. 그러나 반드시 그 안에 소금을 두어야 합니다. 죄까지 관용해서는 안 된다는 것입니다. 소금의 맛을 간직한 채 사랑해야 합니다.

화목하게 하는 직분을 받았다

> "그런즉 누구든지 그리스도 안에 있으면 새로운 피조물이라 이전 것은 지나갔으니 보라 새 것이 되었도다 모든 것이 하나님께로서 났으며 그가 그리스도로 말미암아 우리를 자기와 화목하게 하시고 또 우리를 화목하게 하는 직분을 주셨으니" (고린도후서 5:17-18)

예수 그리스도 안에 있는 사람은 누구나 새로운 피조물입니다. 예수님을 믿음으로 우리는 하나님께서 의롭게 여겨주시는 그분의 자녀가 되었습니다.

그런데 하나님의 은혜로 하나님과 화목케 된 자들은 화목하게 하는 일을 하며 살아야 한다고 말씀하십니다. 아직 하나님의 관계를 회복하지 못한 사람들이 하나님과 화목할 수 있도록 돕는 삶을 살아야 한다는 것입니다. 그것이 하나님께서 우리에게 주신 '화목하게 하는 직분'입니다.

화목하게 하는 직분을 받은 우리는 어떤 삶을 살아야 합니까?

> "곧 하나님께서 그리스도 안에 계시사 세상을 자기와 화목하게 하시며 그들의 죄를 그들에게 돌리지 아니하시고 화목하게 하는 말씀을 우리에게 부탁하셨느니라" (고린도후서 5:19)

'화목하게 하는 말씀'이 무엇입니까? 바로 복음입니다. 화목하게 하는 직분을 가진 사람들이 하는 일은 복음을 전하는 일입니다. 성도들은 하나님과 화목하게 하는 길을 열어주신 예수 그리스도처럼 살아야 합니다. 복음을 전하여 아직 구원받지 못한 사람들이 하나님과의 관계를 회복할 수 있도록 해야 합니다.

또한 화목하게 하는 직분을 가진 우리는 하나님께서 우리의 모든 죄를 용서하여 주신 것처럼 다른 사람들의 잘못을 용서해줄 수 있어야 합니다. 하나님과 원수 되었던 우리를 예수 그리스도의 십자가로 말미암아 새로운 피조물로 만들어주신 것처럼, 불편한 관계에 있는 사람들과 다시 화목의 관계를 회복해야 합니다.

우리에겐 사랑할 책임, 용서할 의무만 있을 뿐입니다. 미워하고 책망하고 정죄하는 마음이 있다면 버려야 합니다. 용서하기 힘든 사람이 있다면 하나님 앞에 그 사람을 용서할 수 있는 마음을 구해야 합니다. 그럴 때 하나님께서 용서를 넘어 그를 향한 긍휼과 사랑까지도 주실 것입니다.

2007년 4월 16일에 있었던 '버지니아 공대 총기 난사 사건'을 기억하실 것입니다. 교내의 웨스트 앰블러 존스턴 기숙사와 노리스 홀에서 두 차례에 걸쳐 발생한 총격으로 범인을 포함하여 33명이 목숨을 잃었고, 29명이 부상을 입은 사건입니다.

범인은 재미 한국인 조승희로, 8세 때 미국에 이민을 간 이민 1.5세대였습니다. 그도 사건 직후 스스로 목숨을 끊었습니다. 이 사건은 미국인들뿐만 아니라 전 세계 많은 사람들에게 두려움과 충격을 주었습니다.

사건 이후에 버지니아 공대는 노리스 홀 잔디 광장에 사망자 추모석을 설치했습니다. 조승희의 추모석도 설치되었지만, 누구도 관심을 갖지 않았습니다. 그런데 3일 후 로라 스텔라라고 하는 여학생이 조승희 추모석에 편지를 갖다 놓았습니다. 그 후에 꽃과 편지가 쌓이기 시작했습니다.

얼마 후에 어떤 기자가 로라에게 인터뷰를 청해 물었습니다.
"왜 범죄자인 조승희 추모석에 편지를 두었는가?"

그러자 그 여학생은 이렇게 대답했습니다.
"승희 역시 가해자이자 희생자라는 생각이 들었어요. 그에게도 우리와 같은 영혼이 있어요. 용서는 살아있는 자만이 누릴 수 있는 특권이에요. 지금 누구보다 힘들고 어려운 사람은 승희네 가족일 것입니다. 그들을 만난다면 꼭 안아주고 할 수 있는 모든 도움을 주고 싶습니다."

그렇습니다. 죽은 자는 용서조차 할 수 없습니다. 살아있는 자만이 누릴 수 있는 특권이 용서입니다. 아직 주변에 용서하지 못한 사람이 있습니까? 그가 아직 세상에 있는 동안에, 아니 내가 이 땅에 발 딛고 사는 동안 반드시 용서하시길 바랍니다. 화목은 살아있는 자만이 누릴 수 있는 축복입니다.

화목을 위한 희생이 필요하다

미국의 펜실베니아 주에는 '아미쉬 공동체'가 있습니다. 그들이 사는 마을에는 전기가 들어오지 않습니다. 그들은 자동차를 비롯하여 텔레비전, 라디오 등의 문명을 거부하며 자연에 순응하는 삶을 살아갑니다. 구성원들은 농사를 짓고 목각 인형 등을 만들어 팔며 생계를 이어갑니다.

아미쉬 공동체는 범죄가 없는 마을로 유명합니다. 그곳에서 물건이 없어졌다면 틀림없이 외부 사람이 가져간 것입니다. 훔치지도 않고 서로 싸우지도 않습니다. 미국 사회가 인정하는 신앙 공동체입니다.

그런데 조승희 사건이 있기 6개월 전인 2006년 10월 2일 그곳에서 로버트라는 사람이 총기 난사 사건을 일으켰습니다. 그는 감리교회 성도였습니다. 아이들이 공부하는 교실로 들어가 남학생들은 모두 내보내고 여학생들을 붙잡아두었습니다. 경찰이 오자, 경찰이 보는 데서 여학생들을 총으로 쐈습니다. 5명이 죽고, 5명이 중상을 입었습니다. 그 역시도 스스로 목숨을 끊었습니다.

미국 사람들은 큰 충격을 받았습니다. '가장 안전한 곳, 가장 복음적인 동네, 가장 아름다운 사랑의 공동체인 아미쉬 마을마저 이런 사건이 일어난다면 도대체 안전한 곳은 어디란 말인가?' 모두에게 좌절과 절망감을 안겨준 사건이었습니다.

그런데 더 큰 충격을 받게 되는 일이 일어났습니다. 사고가 있던 날, 피해자들은 딸과 손녀를 잃었음에도 불구하고 가해자인 로버트의 아내와 두 딸이 있는 집을 찾아갔습니다. 그리고 그들을 위로했습니다. 로버트의 아내, 그리고 두 딸 역시도 피해자라고 생각했기 때문입니다.

그뿐 아닙니다. 로버트의 장례식 하관식에 온 조문객의 반 이상이 아미쉬 공동체 사람들이었습니다. 전국에서 보내온 성금 중에서 중상자 치료비와 장례비, 그리고 교실을 다른 곳으로 옮기는 비용 등을 제외한 나머지를 로버트 가족에게도 똑같은 비율로 나누어 주었습니다. 어떤 가정은 한 달 후에 로버트의 미망인과 두 딸을 초대하여 식사도 대접하고 위로하며 선물도 주었습니다.

진정한 용서와 관용, 세상이 흉내 낼 수 없는 사랑, 참된 화목이 무엇인지 보여주는 그리스도인의 삶이었습니다.

화목은 그냥 이뤄지지 않습니다. 화목을 위한 철저한 희생이 필요합니다. 마음을 어렵게 하는 사람이 있을 때, 가장 쉬운 방법은 그와의 관계를 정리하는 것입니다. 상대를 하지 않고, 멀리 지내는 것이 가장 손쉬운 방법일 것입니다. 그러나 그리스도인이라면 화목의 관계를 회복하기 위해 자신의 감정을 내려놓고 먼저 다가갈 수 있어야 합니다.

마음에 깊은 상처를 준 사람, 용서하기 힘든 사람, 목소리만 들어도 마음이 언짢아지는 사람, 그 모든 사람들을 끌어안을 수 있는 희생과 노력이 있어야 합니다. 하나님은 우리를 그런 삶으로 초대하셨고, 그런 삶을 살 수 있는 힘도 주신다고 약속하셨습니다.

화목의 도구로 살자

아시시의 성자 프란치스코를 기억하실 것입니다. 성 프란치스코는 가톨릭 역사를 통틀어 신자들에게 가장 사랑받는 성자 중 한명으로 꼽히는 인물입니다.

중세 가톨릭이 정교 유착의 특권을 향유하며 복음과 거리가 먼 모습으로 기울어져 갈 때, 그리스도를 따르는 그의 삶은 엄청난 파급력으로 잠들어 있던 신자들의 신앙을 깨웠습니다.

그가 남긴 '평화의 도구'라는 시는 들어보지 못한 사람이 거의 없을 정도로 유명합니다.

'주여 나를 평화의 도구로 써 주소서,
미움 있는 곳에 사랑을,
잘못이 있는 곳에 용서를,
분열이 있는 곳에 일치를,
그릇됨이 있는 곳에 진리를,
의심이 있는 곳에 믿음을,
절망이 있는 곳에 희망을,
어둠이 있는 곳에 빛을,
슬픔이 있는 곳에 기쁨을 가져오는 자 되게 하소서.

위로받기보다는 위로하고,

> 이해받기보다는 이해하며,
> 사랑받기보다는 사랑하게 하여 주소서.
> 왜냐하면 우리는 나를 잊음으로써 나를 찾고,
> 용서함으로 용서 받으며,
> 죽음으로써 깨어나 영생에 들어가기 때문입니다.'

그리스도를 따르는 사람이라면 자신을 평화의 도구, 화목의 도구로 드려야 합니다. 세상은 나를 미워하는 사람을 똑같이 미워하고, 나를 미워하는 곳에 저주를 퍼부으라고 합니다. 그러나 하나님의 자녀는 미움이 있는 곳에 오히려 사랑을 줄 수 있어야 합니다.

세상은 잘못한 대로 되갚아 주고, 응징해야 한다고 합니다. 그러나 하나님은 우리에게 용서하라고 말씀하십니다. 사랑할 때, 희생하고 용서할 때, 그곳에 화목의 꽃이 피어납니다. 세상은 그 꽃을 보고 싶어 합니다. 이 세상에 화목의 꽃을 피울 수 있는 것은 화목하게 하는 직분을 받은 우리 그리스도인들밖에 없습니다.

하나님과 우리 사이를 회복시키시기 위해 화목제물로 돌아가신 예수님을 기억하십시오. 그분께서 우리에게 화목하게 하는 직분을 주셨습니다. 아직 용서하지 못한 사람이 있다면 용서하십시오. 누군가를 미워하고 증오하는 마음이 있다면, 그 마음이 긍휼과 사랑으로 채워질 수 있도록 기도하시길 바랍니다. 가정에서, 학교에서, 직장과 공동체에서 평화의 도구, 화목의 도구로 살아가기를 바랍니다.

'화목으로 회복되는 공동체'에 대해 생각해보기

01. 관계 때문에 겪었던 어려움이 있습니까?

02. 성경이 말하는 화목은 어떤 것입니까, 우리는 어떻게 하나님과 화목하게 되었습니까?

03. 고린도후서 5장 18절을 통해 하나님께서 우리에게 주신 직분은 무엇입니까?

04. 화목으로 사는 공동체를 만들기 위해 내가 해야 할 일은 무엇입니까?

■ **암송구절** – 고린도후서 5:18

chapter 12

사랑으로 채워가는 공동체

"사랑하는 자들아 우리가 서로 사랑하자 사랑은 하나님께 속한 것이니 사랑하는 자마다 하나님으로부터 나서 하나님을 알고 사랑하지 아니하는 자는 하나님을 알지 못하나니 이는 하나님은 사랑이심이라 하나님의 사랑이 우리에게 이렇게 나타난 바 되었으니 하나님이 자기의 독생자를 세상에 보내심은 그로 말미암아 우리를 살리려 하심이라 사랑은 여기 있으니 우리가 하나님을 사랑한 것이 아니요 하나님이 우리를 사랑하사 우리 죄를 속하기 위하여 화목제물로 그 아들을 보내셨음이라 사랑하는 자들아 하나님이 이같이 우리를 사랑하셨은즉 우리도 서로 사랑하는 것이 마땅하도다 어느 때나 하나님을 본 사람이 없으되 만일 우리가 서로 사랑하면 하나님이 우리 안에 거하시고 그의 사랑이 우리 안에 온전히 이루어지느니라" (요한일서 4:7-12)

사랑으로 채워가는 공동체

고도원 작가의 책 『꿈이 그대를 춤추게 하라』 중에서 '사랑하고 살기에도 시간은 참 짧다'라는 대목이 나오는 부분을 소개합니다.

가정하면 어떤 생각들이 떠오르는가? 따뜻함, 포근함, 맛있는 밥상, 사랑, 행복, 편안함을 떠올렸다면 그 사람에게 가정은 작은 천국이라 할 수 있다. 그러나 가정이 편안한 곳이 아니라 고통스러운 곳, 행복한 곳이 아니라 불행한 곳이라면 이 사람에게 가정은 작은 지옥이라고 할 수 있다.

그럼 천국과 지옥의 순간은 언제 엇갈릴까. 그 경계선은 무엇일까. 그것은 내가 집안에서 무언가를 받는 대상으로만 머물러 있으려 할 때다. 사랑받고, 유산을 받고, 맛있는 음식을 제공받고, 자유와 편안함을 제공받는 자리에만 있으려고 할 때이다. 이런 기대가 충족되지 않을 때 내게 가정은 점차 지옥으로 바뀌기 시작한다.

반대로 편안함을 주고, 자유를 주고, 사랑을 주고, 내가 먼저 비워내고 내가 먼저 주기 시작하면 가정은 작은 천국으로 바뀌게 된다. 사랑하고 살기에도 시간은 참 짧다.

암에 걸려 생의 나날이 얼마 남지 않았음을 알고 쓴 『오늘 내가 살아갈 이유』에서 저자인 위지안은 이렇게 말했다.

"사랑하는 사람을 위해 무언가를 해줄 수 있는 기회가 언제나 충분히 남아 있다고 생각한다. 그래서 소홀히 하기도 하고 뒤로 미루기도 한다. 그러다 문득 마지막 기회를 맞이하는 순간 비로소 깨닫게 된다. 인생이란 여전히 셀 수 없을 만큼 '사랑할 수 있는 기회'로 이루어져 있다는 사실을…."

우리는 그 소중한 기회를 숱하게 놓치고도 무엇을 잃고 있는지 모른다. 지금 함께 살고 있다고 해서 영원히 함께 가는 것은 아니다. 그러니 오늘 사랑을 말하라.

한 어머니가 생일날 딸이 보내준 문자 한 줄에 눈물을 흘렸다.
"엄마가 내 엄마여서 정말 행복해요."

딸의 진심어린 고백은 그의 어머니 인생에 최고의 선물이었다. 아직 가족에 대해 쓰디쓴 감정이 남아있고 화해를 하지 못했다면, 오늘 화해의 손을 내밀라. 더 늦기 전에. 그래서 훗날 가족에 대해 따뜻한 기억을 남겨두지 못한 것을 후회하지 않도록 말이다.

사랑만 하며 살기에도 인생은 짧다

행복한 가정을 꾸미느냐, 아니면 지옥 같은 가정을 꾸미느냐는 우리 스스로에게 달려 있습니다. 사랑하며 살기에도 인생이 짧다는 말은 참으로 진리입니다.

시어머니에게 간을 이식해 준 며느리의 이야기가 언론에 보도된 적이 있습니다. 고부간의 갈등이 심한 우리나라에서는 보기 드문 미담이었습니다. 결혼하여 미운 정, 고운 정 다 든 사람이 아니었습니다. 결혼한 지 3년밖에 안된 며느리가 간경화로 투병중인 시어머니에게 자신의 간 60%를 떼어 드린 것입니다.

그동안 서울 삼성병원에서 간 이식 수술을 한 사람들은 대부분 부모와 자녀 사이나 형제 사이였다고 합니다. 며느리가 시어머니에게 간을 이식해준 것은 처음 있는 일이라고 합니다.

그 며느리는 가정 학습지 방문 교사를 하다가 동갑내기 남자 친구와 결혼을 한 여인이었습니다. 그렇게 여유 있는 삶을 산 것도 아니었습니다. 시부모의 덕을 많이 본 결혼 생활도 아니었습니다. 결혼 후 야채 도매상을 하는 남편과 시부모님, 그리고 미혼인 시동생과 함께 살았습니다.

장남이라 시부모를 모시고 살아야 한다고만 해도 결혼 대상자에서 제외되는 그런 사회 속에서 시동생까지 함께 모시고 산다는 것은 결코 만만치 않았을 것입니다. 더구나 이 며느리는 시어머니가 병이 들어 꼼짝없이 간병을 해야 했는데, 원망과 미움 대신에 자기 생명의 일부를 드렸습니다.

시어머니가 간경화 말기까지 악화되어 삼형제 모두가 간 이식 가능 여부를 타진해 보았지만 간염보균자라서 이식이 불가능하다는 판정을 받았습니다. 시아버지는 혈액형이 시어머니와 일치하지 않아서 불가능했고, 손위 동서는 둘째 아이를 출산한지 얼마 되지 않았기 때문에 수술은 생각할 수 없는 상태였습니다.

그때 이 둘째 며느리가 아무도 몰래 혼자 병원을 찾아가서 조직 검사를 해봤고, 이식에 적합하다는 판정을 받자 자기의 간 이식을 결정했습니다. 처음에는 시어머니도 반대하고 친정 식구들도 모두 다 반대했습니다. 그럼에도 불구하고 이 며느리는 시어머니와 함께 수술대에 올랐습니다. 장장 16시간 동안 수술을 받고 자신의 간 60%(584g)을 시어머니에게 드렸습니다.

장기 이식 대상자 선정 사유서에 왜 간을 시어머니에게 기증하는가를 적는 부분이 있었습니다. 며느리는 거기에 한 줄로 아주 간단하게 적었습니다.

'저는 그분을 사랑합니다.'

사랑하면 뭐든지 줄 수 있습니다. 돈도 아깝지 않습니다. 시간도 아깝지 않습니다. 자신이 아끼는 그 어떤 것도 아낌없이 줄 수 있습니다.

사랑만 하며 살기에도 인생은 결코 길지 않은데, 미워하고 싸우며 살아가는 사람들이 얼마나 많은지 모릅니다.

> "하나님이 세상을 이처럼 사랑하사 독생자를 주셨으니 이는 저를 믿는 자마다 멸망하지 않고 영생을 얻게 하려 하심이라" (요한복음 3:16)

하나님은 온 인류를 구원하시기 위해 하나뿐인 아들 예수 그리스도를 십자가에 희생시키셨습니다. 예수 그리스도를 믿기만 하면 하나님의 자녀가 될 수 있는 은혜를 주셨습니다. 아무런 조건이 없습니다. 대가를 바라지 않으시고 값없이 거저 주셨습니다.

성경 전체를 두 글자로 줄이면 '사랑'입니다. 하나님께서 세상을 사랑하사 독생자까지 아낌없이 내어주셨습니다. 구약은 오실 메시아에 대한 약속이고 신약은 구원을 이루고 승천하신 주님이 다시 오실 것에 대한 약속입니다.

구약과 신약 모두 우리를 향하신 하나님의 사랑이 얼마나 큰지를 잘 보여줍니다.

성경의 기록 목적이 무엇입니까? 하나님의 사랑을 깨닫고 예수 그리스도를 믿어 구원에 이르게 하려 하심이요, 구원받은 사람들로 하여금 예수 그리스도의 장성한 분량에 이르게 하려 하심입니다. 이것이 교회가 추구해야 할 가장 큰 가치입니다. 복음을 전하여 영혼을 구원하는 일과 예수 그리스도를 닮아가는 일 말입니다.

요즘 전도가 너무 어렵다고 말합니다. 어떻게 해도 사람들이 믿지 않는다고 합니다. 시대적으로나 사회적으로 여러 이유가 있을 것입니다. 그러나 본질적인 이유가 있습니다. 복음을 전해도 사람들이 예수님을 믿지 않는 이유는 복음을 전하는 우리 안에 사랑이 없기 때문입니다.

한 영혼을 향하신 하나님의 사랑이 얼마나 크고 넓고 깊은지를 먼저 알아야 합니다. 그 애절한 사랑과 긍휼이 어떤 것인지 먼저 느껴야 합니다. 그리고 그 사랑으로 다가갈 때 반드시 복음의 문은 열리게 되어 있습니다.

기독교는 사랑의 종교

삶에도 남에게 덕이 되는 높은 가치를 추구하는 삶이 있고, 남에게 피해를 줄 수 있는 낮은 가치를 추구하는 삶이 있는 것처럼 종교에도 높은 가치의 종교가 있고 낮은 가치의 종교가 있습니다. 높은 가치의 종교는 다른 사람들을 위하여 나누고 베풀고 섬기라고 가르칩니다. 자신을 향한 사랑보다 이웃을 향한 사랑을 강조합니다. 이웃을 걱정하고 사회와 나라를 걱정하며 기도하라고 가르칩니다.

높은 가치의 종교를 가진 사람들은 자신의 소유를 나눠 이웃의 어려운 사람들, 궁핍한 사람들의 필요를 채워주는 일에 관심이 있습니다. 나누고 베풀며 선한 일을 도모합니다.

반면에 낮은 가치의 종교를 가진 사람들은 자신만을 생각합니다. 무속 신앙은 대부분 자기 자신과 가족만을 위해 기도합니다. 자기 사업이 잘 되도록, 가족이 건강하도록, 다른 집보다 더 잘 사는 일에만 관심이 있습니다.

높은 가치의 종교는 사회를 밝게 만들고 사람들로 하여금 바른 삶을 살게 한다는 점에서 중요합니다. 그런데 우리가 믿는 기독교는 높은 가치를 추구하는 여타 종교들 그 이상의 삶을 추구하고 있습니다.

예수 그리스도를 구주와 주님으로 영접하여 구원받은 성도들은 하나님의 자녀로서의 삶을 살아갑니다. 그것은 높은 가치 그 이상의 삶이라 할 수 있습니다.

하나님의 자녀로 살아간다는 것은 세상적으로 보아 옳고 그른 삶의 기준을 갖고 살아가는 것이 아닙니다. 하나님의 아들이신 예수 그리스도께서 이 땅에서 보여주신 삶의 모습대로 살아가는 것을 의미합니다. 쉬운 말로 예수님을 닮은 삶을 산다는 것입니다.

예수 그리스도를 닮은 성품에는 어떤 것들이 있을까요? 겸손, 섬김, 배려, 용서, 이해, 감사, 충성, 인내, 성실 등 수없이 많지만 가장 아름다운 것이 있다면 그것은 바로 '사랑'일 것입니다.

높은 가치를 추구하는 종교는 여럿이 있습니다. 그러나 그 어느 종교에도 하나뿐인 아들을 죄인의 구원을 위해 내어준 신이 없습니다. 신이 사람의 모습으로 이 땅에 와서 사람들의 죄를 대신 짊어지고 죽어준 종교는 없습니다. 기독교만이 온 인류를 향하신 하나님의 사랑을 이야기합니다.

그리스도인들은 세상 어디에서도 배울 수 없고, 본 적도 없는 그 사랑을 이미 받은 사람들입니다. 예수님께서는 십자가에서 그 사랑을 확증하셨습니다. 하나님께서 그렇게까지 우리를 사랑하신 것은 이미 그 사랑을 받은 우리가 다른 누군가를 그렇게 사랑하며 살게 하시기 위함입니다.

우리가 서로 사랑하자

"사랑하는 자들아 우리가 서로 사랑하자 사랑은 하나님께 속한 것이니 사랑하는 자마다 하나님으로부터 나서 하나님을 알고 사랑하지 아니하는 자는 하나님을 알지 못하나니 이는 하나님은 사랑이심이라" (요한일서 4:7-8)

성경은 '하나님은 사랑이시라'고 말씀합니다. 하나님의 대표적인 속성이 바로 사랑이라는 것입니다. 기독교의 핵심은 사랑입니다. 그리스도인들의 삶의 핵심 가치도 사랑입니다.

사람들이 즐겨 부르는 노래들을 잘 살펴보십시오. 대부분의 곡들이 사랑을 노래합니다. 문화, 예술, 그리고 여러 문학들의 가장 흔한 주제도 사랑입니다. 소설도, 영화도, 노래도, 춤도, 만화도 궁극적인 소재와 주제를 사랑으로 삼습니다.

희극이 무엇입니까? 이루어진 사랑입니다. 비극은 이루어지지 못한 사랑입니다. 인생이 무엇입니까? 사랑 때문에 의미가 있습니다. 사랑 때문에 울고 웃으며, 사랑 때문에 기쁘고 슬픈 것이 인생입니다.

> "서기관 중 한 사람이 그들이 변론하는 것을 듣고 예수께서 잘 대답하신 줄을 알고 나아와 묻되 모든 계명 중에서 첫째가 무엇이니이까 예수께서 대답하시되 첫째는 이것이니 이스라엘아 들으라 주 곧 우리 하나님은 유일한 주시라 네 마음을 다하고 목숨을 다하고 뜻을 다하고 힘을 다하여 주 너의 하나님을 사랑하라 하신 것이요 둘째는 이것이니 네 이웃을 네 자신과 같이 사랑하라 하신 것이라 이보다 더 큰 계명이 없느니라" (마가복음 12:28-31)

일생동안 가장 많이 사용하는 단어가 있다면 아마도 그것은 사랑일 것입니다. 수십 번 들어도, 수백 번 들어도 기분 좋은 말이 '사랑해'라는 말이 아닐까 싶습니다. '사랑'은 표현할 때 사랑으로 나타납니다. 표현되지 않는 사랑은 온전한 사랑일 수 없습니다.

> "자녀들아 우리가 말과 혀로만 사랑하지 말고 행함과 진실함으로 하자" (요한일서 3:18)

행동으로, 삶으로 사랑을 보여 줄 때 참 사랑이 될 수 있습니다. 중요한 사실은 자기희생이 없이는, 내가 먼저 손해 보지 않고는 결코 사랑을 보여줄 수 없다는 것입니다.

아내가 '남편이 정말 나를 사랑하는구나' 하고 느낄 때는, 말로만 사랑한다고 하는 것이 아니라 아내 대신 설거지를 해주고, 음식물 쓰레기를 버려주고, 벽에 못을 박아주고, 청소를 해줄 때입니다. 사랑을 행동으로 나타내지 않으면 상대방은 그 사랑을 잘 느낄 수 없습니다. 사랑은 상대방이 사랑받는다고 느낄 때 비로소 완성되는 것입니다.

헨리 메튜어드가 이런 시를 썼습니다.

'부속품도 필요 없고 건전지도 필요 없다.
다달이 돈 낼 필요도 없고 소모품 비용도 들지 않는다.
은행 금리와도 상관이 없으며 세금 부담도 없다.
오히려 마음의 부담을 줄여준다.
도둑맞을 염려도 없고 시간이 지나 퇴색할 염려도 없다.
한 가지 사이즈에 모두 맞으며 질리지도 않는다.
가장 적은 에너지를 사용해 가장 감동적인 결과를 낳는다.
긴장과 스트레스를 풀어주고 행복감을 키워준다.
절망을 물리쳐주며 당신의 눈을 빛나게 하고
스스로 당신 자신을 존중하게 만든다.
감기, 얼굴에 난 종기, 골절상에도 효과가 있으며,
불치병까지도 극적으로 낫게 한다.
이 약은 특히 가슴에 난 상처에 특효약이다.

이 약은 전혀 부작용이 없으며, 오히려 혈액순환까지 바로 잡아준다. 이것이야말로 완벽한 약이다. 처방은 이것이다. 최소한 하루에 한번 씩 식후 30분이든지 식전 30분이든지 서로 꺼안아 주는 것이다.'

보수적인 신앙으로 잘 알려진 청교도들도 감성적인 애정 표현을 개발해야 하며, 진정한 사랑은 표현되어야 한다고 가르쳤습니다.

어떤 보험 회사 통계에 의하면 아내가 아침에 남편에게 '다녀오세요'라고 말하며 키스를 해주면 남편의 사고율이 줄고, 수명이 5년은 더 는다고 합니다. 월급도 다른 사람에 비해 30% 더 받는다고 합니다.

사랑엔 힘이 있습니다. 상대방이 사랑을 느낄 때까지 표현하십시오. 표현된 그 사랑 까닭에 자신이 살아나고 상대방이 살아날 것입니다. 자녀들에게도 사랑을 충분히 표현하십시오. 아이들이 사랑을 느낄 수 있도록 자세히, 부드럽게 표현하십시오. 그 사랑이 아이들을 살리고, 하나님의 사람으로 온전히 자라게 합니다.

하나님의 사랑을 나타내는 삶

영국의 빅토리아 여왕의 둘째 딸인 엘리스라는 공주가 있었습니다. 공주에게는 4살 된 어린 아들이 있었는데, 불행하게도 위험한 전염병으로 알려진 블랙 디프테리아라는 병에 걸려 사경을 헤매게 되었습니다.

그런 아들을 보는 공주의 마음은 찢어질 듯 아팠습니다. 유난히도 몸이 약했던 공주는 전염의 위험 때문에 아들 곁에 갈 수 없었습니다. 간호사들만 아들의 곁에 갈 수 있었습니다.

어떤 날 4살 난 아들이 자기의 병을 치료하는 의사와 간호사에게 물었습니다. 왜 우리 엄마는 자기에게 오지 않느냐, 왜 우리 엄마는 매일 그냥 저기 서 있냐고 말입니다.

그 이야기를 들은 공주는 더 이상 견디지 못하고 아들의 곁에 달려가 포옹을 하고 입을 맞추었습니다. 그리고 며칠이 지나지 않아 아들과 함께 세상을 떠나게 되었습니다.

참된 사랑은 상대를 위하여 자신의 생명까지도 내어주는 것입니다. 내 이익을 먼저 생각하고 계산하는 사랑은 참된 사랑이 아닙니다. 상대방의 이익을 먼저 생각하고, 손해를 보더라도 내 것을 먼저 나누고 베풀 때 비로소 사랑은 가시적으로 드러나게 됩니다. 막연한 사랑이 아니라, 피부로 느껴지는 그런 사랑이 될 수 있습니다.

> "그가 우리를 위하여 목숨을 버리셨으니 우리가 이로써 사랑을 알고 우리도 형제들을 위하여 목숨을 버리는 것이 마땅하니라" (요한일서 3:16)

사랑이 무엇입니까? 사랑은 내 것을 나누는 것입니다. 소중한 것도 아낌없이 베푸는 것입니다. 대가를 바라지 않고 주는 것입니다. 하나님께서 죄인인 우리를 사랑하셔서 독생자까지 아낌없이 내어주신 것처럼, 우리도 나누고 베푸는 사랑의 삶을 살아야 합니다.

어쩌면 우리는 너무도 받는 것에 익숙해 있는 것이 아닌가 싶습니다. 주는 것보다 받는 것을 더 좋아하는 게 아닌가 싶습니다. 하나님의 사랑의 품으로 나아가 그 사랑으로 다시 마음을 가득 채워야 합니다. 받는 것보다 주는 것에 익숙한 삶을 살아야 합니다. 말로만이 아니라 행동으로 사랑을 실천하는 삶을 살아야 합니다.

하나님이 우리를 부르신 이유는 바로 세상으로 하여금 하나님의 사랑을 알게 하시려는 것입니다. 세상 모든 사람이 움켜쥐는 삶, 남을 희생시켜 더 높은 자리를 차지하려는 삶을 살아갑니다. 우리도 그런 삶을 추구하며 산다면 결코 사랑의 기운을 발산할 수 없습니다.

손해를 보더라도 하나님의 사랑을 나타내는 삶을 살아야 합니다. 세상은 그런 삶을 어리석다고 평가합니다. 바보 같다고 이야기합니다. 그러나 그럼에도 불구하고 '거룩한 바보'로 살아가며, 사랑을 모르는 세상에 참 사랑을 보여줄 수 있는 삶을 살아내야 합니다.

삶으로 보여주는 사랑

> "새 계명을 너희에게 주노니 서로 사랑하라 내가 너희를 사랑한 것 같이 너희도 서로 사랑하라 너희가 서로 사랑하면 이로써 모든 사람이 너희가 내 제자인 줄 알리라" (요한복음 13:34-35)

금식하고, 기도하고, 헌금하고, 예배드리는 일 모두 다 귀한 일입니다. 교회에서 충성스럽게 봉사하고 섬기는 일 다 중요합니다. 그러나 세상은 그런 일을 통해 예수님을 보는 것이 아니라, 우리가 서로 사랑하는 모습을 통해 주님을 볼 수 있다고 하십니다.

2세기의 사상가 셀서스가 기독교에 대한 비평의 글을 남겼는데, 이것은 기독교를 비평한 글 가운데 가장 오래된 글입니다. 그 내용은 이렇습니다.

"그들은 논리와 상식을 벗어난 사람들이다. 그들은 인사를 나누기 전에 사랑하며 알지도 못하면서 사랑한다. 그들은 상대방의 경제적 상황, 사상적인 배경, 사회적인 지위, 인종과 민족을 알아보기도 전에 사랑한다."

초대 교회 성도들은 사랑 때문에 비난을 받았습니다. 그들은 예수님의 사랑을 삶으로 보여준 사랑의 실천자들이었습니다.

하나님께서 만나게 하신 사람들, 곁에 두신 사람들을 사랑하십시오. 가깝게는 가족들에게 하나님의 사랑을 나타내시고, 아직 그리스도를 모르는 친인척들에게 그 사랑을 보여주십시오. 교회 공동체 안에서, 주변 이웃들에게, 지역 사회 사랑이 필요한 그곳에 하나님의 사랑을 흘려보낼 수 있길 바랍니다.

구두를 만드는 할아버지가 예수님이 너무너무 보고 싶어서 예수님께 기도를 했습니다.

"예수님 꼭 한번 우리 집에 오세요. 제가 잘 대접하겠습니다."

그런데 이게 웬일입니까? 꿈에 예수님이 나타나셔서 내가 내일 너희 집에 간다고 하신 것입니다. 할아버지는 너무 기뻤습니다. 아침 일찍 일어나 진수성찬을 준비해 놓았습니다.

그런데 아무리 기다려도 예수님은 오시지 않았습니다. 점심 쯤 되었을 때 한 거지가 집에 왔습니다. 할아버지는 예수님을 위해 준비했던 음식의 일부를 그 거지에게 줘서 먹게 했습니다.

그런데 또 얼마간의 시간이 지나자 청소부 영감이 찾아왔습니다. 그에게도 음식을 나눠주었습니다. 늦은 오후에는 사과장수가 찾아왔고, 그에게도 음식을 주었습니다. 해가 넘어가도 예수님은 오지 않으셨습니다.

할아버지는 예수님이 약속을 지키지 않으셨다는 사실에 크게 실망했습니다. 아쉬운 마음으로 잠자리에 들었는데 꿈에 예수님이 다시 나타나셨습니다. 할아버지는 예수님께 왜 오신다고 해놓고 안 오셨느냐고 물었습니다.

그러자 예수님께서 대답하셨습니다.

"어제 너희 집에 세 번 가서 잘 먹고 왔다. 정말 고맙다."

너무나도 유명한 톨스토이의 제화공 이야기입니다. 하나님을 사랑한다는 것이 무엇인지를 다시 한 번 생각하게 해줍니다.

어쩌면 우리는 진짜 예수님이 오시면 잘 대접하겠다는 생각으로 하루하루를 살고 있는 것이 아닌지 모르겠습니다. 그러나 주님은 지금 우리 곁에 있는 연약한 사람들, 가난한 사람들을 사랑하며 돌보는 것이 주님을 사랑하는 것이라고 말씀하십니다.

하나님이 세상을 이처럼 사랑하사 독생자를 보내셨습니다. 그 하나님이 여전히 사랑하시는 이 세상을 향해 우리를 보내십니다. 하나님의 사랑이 어떤 것인지 우리의 삶으로 보여주라고 명령하십니다.

사랑만 하며 살기에도 삶은 참 짧습니다. 주어진 삶의 시간 동안 만나는 사람과 사랑으로 채워가길 바랍니다.

'사랑으로 채워가는 공동체'에 대해 생각해보기

01. 내가 생각하는 사랑은 무엇입니까? 내가 할 수 있는 사랑의 방법은 무엇입니까?

02. 하나님께서 나에게 보여주신 사랑은 무엇입니까? 나의 방법과 무엇이 다릅니까?

03. 요한일서 3장 18절은 우리가 어떻게 사랑해야 한다고 말씀합니까?

04. 사랑하며 살기 위하여 가정과 직장, 공동체에서 실천해야 할 일은 무엇입니까?

■ **암송구절** – 요한복음 13:34-35

4부

복음,
세상에 살다

chapter 13

때를 분변하며 사는 세상

"또 무리에게 이르시되 너희가 구름이 서쪽에서 이는 것을 보면 곧 말하기를 소나기가 오리라 하나니 과연 그러하고 남풍이 부는 것을 보면 말하기를 심히 더우리라 하나니 과연 그러하니라 외식하는 자여 너희가 천지의 기상은 분간할 줄 알면서 어찌 이 시대는 분간하지 못하느냐 또 어찌하여 옳은 것을 스스로 판단하지 아니하느냐 네가 너를 고발하는 자와 함께 법관에게 갈 때에 길에서 화해하기를 힘쓰라 그가 너를 재판장에게 끌어 가고 재판장이 너를 옥졸에게 넘겨 주어 옥졸이 옥에 가둘까 염려하라 네게 이르노니 한 푼이라도 남김이 없이 갚지 아니하고서는 결코 거기서 나오지 못하리라 하시니라" (누가복음 12:54-59)

때를 분변하며 사는 세상

누가복음 12장은 다른 복음서에 기록된 내용과 중복되는 내용이 많이 있습니다. 그러나 다른 복음서에는 없는 독특한 표현들이 등장합니다. 1절을 보면, '그 동안에 무리 수만 명이 모여 서로 밟힐 만큼 되었더니'라는 표현이 나옵니다. 이 표현은 성경에 딱 한 번 나타납니다. 유일하게 표현된 이 표현을 통해 오늘 본문이 예수님의 인기가 절정이었을 때 가르치신 내용이라는 것을 알 수 있습니다.

예수님의 가르침은 '시대를 분변하고 살라'는 것입니다. 한 마디로 말하자면 말세를 살아가는 사람들이 주의를 기울여 정확하게 분변해야 될 일이 무엇이고, 어떻게 살아야 하는지를 교훈하시는 말씀이라고 할 수 있습니다.

시대를 분변하고 살라

지금 우리 시대를 어떤 시대로 분변하고 계십니까? 우리가 살고 있는 이 시대가 과연 하나님의 자녀로서 살기에 적합한 시대인지, 과학 문명은 어떻게 변화되고 있고, 세상의 윤리적 기준과 도덕적 가치는 어떻게 세워져 있는지, 여러분들은 어떻게 분변하고 계십니까?

2016년 3월 9일부터 15일까지 전 세계인의 이목을 집중시킨 바둑 경기가 진행되었습니다. 구글이 발명한 인공지능 알파고와 세계적인 바둑 기사 이세돌 9단과의 경기가 열린 것입니다. 경기의 결과는 4대 1로 알파고가 이겼습니다. 알파고는 이세돌과 비슷하거나 약간 낮은 수준의 바둑 기사 150명의 기술을 컴퓨터 프로그램에 넣고 수많은 경우의 수를 계산하여 바둑을 두었습니다. 그렇기 때문에 아무리 이세돌 이어도 이기기가 쉽지 않았을 것입니다. 사실 한 번 이긴 것만 해도 대단한 것입니다.

그런데 놀라운 사실은 총 다섯 번의 대국을 하고 난 뒤 알파고를 개발한 구글의 주식이 무려 58조원이 올랐다는 것입니다. 미국은 주식이 세 종류로 나누어져 있습니다. A주식은 의결권이 공개된 주식이고, C주식은 의결권이 없는 주식입니다. B주식은 오너들이 가진 주식인데 정확한 금액을 알 수 없습니다. B주식을 빼고도 구글의 주식이 일주일 사이에 58조원이 오른 것입니다.

지난 20년 동안 구글이 인공지능 프로그램을 개발하는 데 투자한 비용이 약 15조 원 정도 된다고 합니다. 15조 원을 투자하고 일주일 만에 58조 원의 수익을 올렸으니, 드러난 것만 43조 원의 차익을 남긴 것입니다. 무슨 이야기입니까? 구글은 변화하는 시대의 흐름을 읽고 어디에 투자를 해야 하는지 알았다는 것입니다. 시대를 분변하는 통찰을 가진 기업만이 성공합니다. 시대를 분변하지 못하는 기업은 쇠퇴할 수밖에 없습니다.

세계 10대 재벌이 있습니다. 올해 1위가 아마존의 창립자 Jeff Bezos로 바뀌었습니다. 2위는 마이크로 소프트의 Bill Gates입니다. 세계 최고의 투자 실력으로 유명한 Warren buffett이 3위, 세계적인 패션 기업 Zara를 만든 Amancio Ortega Gaona가 4위이고, 5위가 페이스북을 만든 Mark Zuckerberg, 6위가 Carlos Slim Helu입니다. 7위는 세계적인 IT 업체 오라클을 창립한 Larry Ellison입니다. 8위와 9위는 Charles Koch, David Koch 형제로 인더스트리즈 공동 소유주입니다. 10위는 1981년도에 블룸버그 통신을 설립한 Michael Bloomberg입니다.

세계 10대 재벌이 운영하는 기업 중 한 군데만 제외하고 모두 당대에 이룬 기업이라는 점을 주목해야 합니다. 1997년도에 구글을 창업했던 래리 페이지, 세르게이 브린 등 네 명이 삼성에 찾아와서 자신들의 사업 계획을 받아달라고 요청했습니다. 그런데 삼성이 거절했습니다. 그 사람들이 돌아가서 1998년에 세운 기업이 구글입니다. 만 20년 만에 세계적인 기업으로 우뚝 섰습니다. 알파고 프로그램 하나로 두 주 만에 43조 원을 벌어드릴 수 있는 굴지의 기업이 된 것입니다.

우리나라의 10대 재벌은 모두 상속 재벌입니다. 할아버지, 아버지에게 물려받아서 재벌이 되었습니다. 당대에 세계적인 굴지의 기업을 일궈낸 사람은 한 명도 없습니다. 다른 말로 하면, 급변하는 세상의 흐름을 읽고 분변하여 그에 적응하는 능력을 갖지 못했다는 것입니다.

급변하는 세상의 영적 대안

　세상은 참으로 빠르게 변하고 있습니다. 초고속 인터넷망이 보급되었습니다. 어디서나 쉽게 원하는 정보를 주고받을 수 있습니다. 전기 자동차가 각광을 받습니다. 환경 오염도 줄이고 적은 부품으로 생산이 가능하기 때문입니다. 중국은 이미 대기 오염을 이유로 디젤 자동차를 다 없애버렸습니다. 최근 중국에서 100kg짜리 드론을 만들었는데, 이 드론은 100kg짜리 물건을 싣고 떠다닐 수 있다고 합니다. 앞으로 드론이 교통수단으로 활용될 가능성이 아주 높다는 전망이 나오고 있습니다.

그런가 하면 이미 오래 전부터 자율주행자동차가 생산되기 시작했습니다. 우리나라 정부도 2022년까지 모든 고속 도로와 스마트 도로에서 주행이 가능한 완전 자율주행자동차 상용화가 가능하도록 목표를 세우고 추진한다고 발표했습니다.

그 뿐인가요? 사물인터넷도 있습니다. 스마트폰과 컴퓨터를 넘어 자동차, 냉장고, 세탁기, 시계 등 모든 사물이 인터넷으로 연결되는 것을 사물인터넷이라고 합니다. 이를테면, 퇴근하고 집에 들어가면 냉장고가 현재 안에 들어있는 음식물이 뭐며, 유통기한이 언제인지 알려주고, 침대에 누우면 알아서 몸의 상태에 맞춰서 온도 조절이 됩니다. 잠들면 저절로 전깃불이 꺼지고, 눈을 뜨면 다시 전깃불이 들어옵니다. 손톱만 한 작은 칩 하나에 신문지 한 트럭분의 정보를 다 넣을 수 있습니다.

증강 현실 기술도 빠른 속도로 발전하고 있습니다. AR(Augmented Reality)이라 불리는 증강 현실은, 가상의 콘텐츠를 마치 실제로 존재하는 것처럼 화면상에 보여주는 기법입니다. 이 기술을 활용하면 핸드폰 카메라로 방을 비추면서 현실로 있지 않는 가구 등을 배치해 볼 수도 있습니다. 그런가 하면 가상현실 기술인 VR(Virtual Reality)은 사람의 감각 기관을 통해 현실과 유사한 가상의 체험을 하도록 하는 기술입니다. 특수 고글이나 헤드셋을 착용하면 컴퓨터가 만들어낸 환경에 접하게 됩니다. 예를 들어, 이집트의 피라미드 안에 직접 들어와 있는 듯한 체험을 할 수도 있습니다.

예전에 농경 사회에서 산업 사회로, 산업 사회가 정보 사회로, 이제는 정보 사회가 소프트웨어 중심 사회로 바뀌게 되었습니다. 시대의 변화에 따라 앞으로 없어질 직업도 많습니다. 1970년대에는 우리나라 젊은 여성들이 선망하던 직업이 버스 안내양이었습니다. 고속버스 안내양은 특히 인기가 좋았습니다. 그런데 지금은 자동화로 직업 자체가 없어졌습니다.

미래에는 어떤 직업이 남아있을까 생각해 보신 적 있으십니까? 데이터베이스 개발자, 연구 개발자, 관리자, 사회복지사, 간호사는 없어질 가능성이 적다고 합니다. 오히려 의사가 없어질 가능성이 많다고 합니다. 비노드 코슬라라는 유명 벤처 투자가도 미래에는 의사의 80%가 인공지능으로 대체될 것이라고 했습니다. 최근 우리나라 6개 대형 병원들이 IBM 인공지능 기반의 암 치료 제시 솔루션 '왓슨 포 온콜리지(Watson for Oncology)'를 도입했습니다. 유방암, 폐암, 위암 등 주요 암을 다루고 있는 '왓슨 포 온콜리지'는 300여 건의 의학 저널, 200여 권의 의학 교과서와 논문, 1,500만 페이지 이상의 전문 자료와 하루에도 100여 건 이상 새로 발표되는 암 관련 논문들을 실시간으로 분석해 8초 만에 최적의 처방을 제시해준다고 합니다.

병을 고치는 것은 모든 의료기술이 담긴 왓슨이라는 의료프로그램이 하고, 실제로 약을 제공하고 돌봐주는 것은 간호사가 해야 하니까 간호사라는 직업은 필요하다는 것입니다. 또한 교사, 정신과 의사, 상담사, 목사도 남아있을 가능성이 높습니다. 아무리 과학이 발달해도 인간의 영혼과 정신의 문제는 기계가 어찌하지 못하기 때문입니다.

이처럼 세상은 굉장히 많이 바뀌었고, 바뀌어가고 있습니다. 그런데 과학 기술 분야가 빠르게 발전하는 만큼, 인문·사회학적 발전도 이뤄지고 있을까요? 아닙니다. 오히려 심각한 위기가 닥쳐오고 있습니다. 찰스 스윈돌 목사의 지적대로 이혼율이 증가하고, 자녀수가 급격히 줄어듭니다. 부모를 멸시하는 사상들이 난무하게 되고, 결혼식의 의미가 사라져 갑니다. 간음 금지 규정이 폐지되고, 성폭력이 굉장히 많이 늘어납니다. 갈수록 자녀를 양육하는 어려움이 증대되고, 비행 청소년이 증가합니다. 청소년 범죄가 갈수록 흉포화됩니다. 각종 성도착이 보편화됩니다.

현재 안에 들어있는 음식물이 뭐며, 유통기한이 언제인지 알려주고, 침대에 누우면 알아서 몸의 상태에 맞춰서 온도 조절이 됩니다. 잠들면 저절로 전깃불이 꺼지고, 눈을 뜨면 다시 전깃불이 들어옵니다. 손톱만 한 작은 칩 하나에 신문지 한 트럭분의 정보를 다 넣을 수 있습니다.

증강 현실 기술도 빠른 속도로 발전하고 있습니다. AR(Augmented Reality)이라 불리는 증강 현실은, 가상의 콘텐츠를 마치 실제로 존재하는 것처럼 화면상에 보여주는 기법입니다. 이 기술을 활용하면 핸드폰 카메라로 방을 비추면서 현실로 있지 않는 가구 등을 배치해 볼 수도 있습니다. 그런가 하면 가상현실 기술인 VR(Virtual Reality)은 사람의 감각 기관을 통해 현실과 유사한 가상의 체험을 하도록 하는 기술입니다. 특수 고글이나 헤드셋을 착용하면 컴퓨터가 만들어낸 환경에 접하게 됩니다. 예를 들어, 이집트의 피라미드 안에 직접 들어와 있는 듯한 체험을 할 수도 있습니다.

예전에 농경 사회에서 산업 사회로, 산업 사회가 정보 사회로, 이제는 정보 사회가 소프트웨어 중심 사회로 바뀌게 되었습니다. 시대의 변화에 따라 앞으로 없어질 직업도 많습니다. 1970년대에는 우리나라 젊은 여성들이 선망하던 직업이 버스 안내양이었습니다. 고속버스 안내양은 특히 인기가 좋았습니다. 그런데 지금은 자동화로 직업 자체가 없어졌습니다.

미래에는 어떤 직업이 남아있을까 생각해 보신 적 있으십니까? 데이터베이스 개발자, 연구 개발자, 관리자, 사회복지사, 간호사는 없어질 가능성이 적다고 합니다. 오히려 의사가 없어질 가능성이 많다고 합니다. 비노드 코슬라라는 유명 벤처 투자가도 미래에는 의사의 80%가 인공지능으로 대체될 것이라고 했습니다. 최근 우리나라 6개 대형 병원들이 IBM 인공지능 기반의 암 치료 제시 솔루션 '왓슨 포 온콜리지(Watson for Oncology)'를 도입했습니다. 유방암, 폐암, 위암 등 주요 암을 다루고 있는 '왓슨 포 온콜리지'는 300여 건의 의학 저널, 200여 권의 의학 교과서와 논문, 1,500만 페이지 이상의 전문 자료와 하루에도 100여 건 이상 새로 발표되는 암 관련 논문들을 실시간으로 분석해 8초 만에 최적의 처방을 제시해준다고 합니다.

병을 고치는 것은 모든 의료기술이 담긴 왓슨이라는 의료프로그램이 하고, 실제로 약을 제공하고 돌봐주는 것은 간호사가 해야 하니까 간호사라는 직업은 필요하다는 것입니다. 또한 교사, 정신과 의사, 상담사, 목사도 남아있을 가능성이 높습니다. 아무리 과학이 발달해도 인간의 영혼과 정신의 문제는 기계가 어찌하지 못하기 때문입니다.

이처럼 세상은 굉장히 많이 바뀌었고, 바뀌어가고 있습니다. 그런데 과학 기술 분야가 빠르게 발전하는 만큼, 인문·사회학적 발전도 이뤄지고 있을까요? 아닙니다. 오히려 심각한 위기가 닥쳐오고 있습니다. 찰스 스윈돌 목사의 지적대로 이혼율이 증가하고, 자녀수가 급격히 줄어듭니다. 부모를 멸시하는 사상들이 난무하게 되고, 결혼식의 의미가 사라져 갑니다. 간음 금지 규정이 폐지되고, 성폭력이 굉장히 많이 늘어납니다. 갈수록 자녀를 양육하는 어려움이 증대되고, 비행 청소년이 증가합니다. 청소년 범죄가 갈수록 흉포화됩니다. 각종 성도착이 보편화됩니다.

프란시스 쉐퍼의 예견대로, 교육은 많지만 진리가 없는 교육을 합니다. 사랑은 난무하지만 진정한 의미를 찾을 수 없는 사랑일 뿐입니다. 열심히 돈을 모으기는 하지만 목적 없는 부를 추구합니다. 사람이 사람을 죽이는데 별 죄책감을 느끼지 못합니다. 절대적인 도덕 가치를 거부하는 시대가 된다는 것입니다. 하버드 대학교 총장이 말한 것처럼 부를만한 노래가 없고, 따를만한 지도자가 없고, 흔들만한 깃발도 없으며, 지킬만한 신조도 없는 시대가 되었습니다. 과학 기술은 발달하고 문명은 화려해졌지만, 사람들은 더욱 피폐한 삶을 살아가게 되었습니다.

칼 바르트라고 하는 신학자가 그런 말을 했습니다. "한 손에는 성경을, 한 손에는 신문을" 복음주의 신학자 존 스토트는 "한 손에는 성경을, 한 손에는 라디오를"이라고 말했습니다. 성경은 변함없는 진리의 말씀을 이야기합니다. 아무리 세상이 바뀌고, 사람이 바뀌고, 기술 문명이 바뀌어도 진리는 변함없는 하나님의 말씀과 예수 그리스도뿐이라고 믿습니다.

그런데 문제는 진리를 믿어야 할 사람들이 사는 이 세상이 급변하고 있다는 것입니다. 그렇기에 세상이 어떻게 변화되는가를 알고, 그 시대에 우리가 어떤 태도를 취하며 살아야 할 것인가를 알아야 한다는 것입니다. 급변하는 세상에 대한 영적 대안이 필요하다는 것입니다.

마지막 때 외식을 주의하라

우리는 지금 내일을 예측할 수 없는 불확실성의 시대를 살고 있습니다. 하나님의 형상대로 창조된 사람이 하나님의 창조 목적을 상실한 채 살아가고 있습니다. 이러한 하나님의 창조 섭리를 알지 못하는 사람들이 말세가 되었을 때, 어떤 모습으로 살아가는지를 성경이 잘 보여줍니다.

> "너는 이것을 알라 말세에 고통하는 때가 이르러 사람들이 자기를 사랑하며 돈을 사랑하며 자랑하며 교만하며 비방하며 부모를 거역하며 감사하지 아니하며 거룩하지 아니하며 무정하며 원통함을 풀지 아니하며 모함하며 절제하지 못하며 사나우며 선한 것을 좋아하지 아니하며 배신하며 조급하며 자만하며 쾌락을 사랑하기를 하나님 사랑하는 것보다 더하며 경건의 모양은 있으나 경건의 능력은 부인하니 이같은 자들에게서 네가 돌아서라" (디모데후서 3:1-5)

대표적인 특징이 뭡니까? 자기를 사랑하며 돈을 사랑합니다. 이게 말세를 만난 사람들의 가장 두드러진 특징입니다. 또한 주님은 베드로전서를 통해 말씀하십니다.

> "만물의 마지막이 가까이 왔으니 그러므로 너희는 정신을 차리고 근신하여 기도하라" (베드로전서 4:7)

세상 문명의 이기를 따라가지 말라고 하십니다. 급변하는 세상 따라가지 말고 그 세상 속에서도 정신을 차리고 하나님의 말씀을 붙들어 진리 가운데 살아가야 한다는 것입니다. 그 중에서도 주님은 누가복음 12장에서 우리가 주의해야 할 두 가지를 말씀하십니다.

"그 동안에 무리 수만 명이 모여 서로 밟힐 만큼 되었더니 예수께서 먼저 제자들에게 말씀하여 이르시되 바리새인들의 누룩 곧 외식을 주의하라" (누가복음 12:1)

"또 무리에게 이르시되 너희가 구름이 서쪽에서 이는 것을 보면 곧 말하기를 소나기가 오리라 하나니 과연 그러하고 남풍이 부는 것을 보면 말하기를 심히 더우리라 하나니 과연 그러하니라 외식하는 자여 너희가 천지의 기상은 분간할 줄 알면서 어찌 이 시대는 분간하지 못하느냐" (누가복음 12:54-56)

먼저 주님은 시대를 분변하고 외식을 주의하라고 하십니다. 예수님은 외식을 누룩이라고 비유하셨습니다. 누룩은 반죽을 발효시켜 부패시킬 수 있습니다. 그처럼 마음에 악한 생각과 욕망, 불의함과 불경건함이 가득하면서 다른 사람에게는 거룩할 것을 요구하고 자신은 그렇게 살지 않는 삶이 외식입니다.

교회 안에서 말씀을 제일 큰소리로 외치면서 오히려 제일 말씀대로 살지 않는 사람이 목사인 것 같습니다. 우리는 알고 있는 말씀, 알고 있는 진리를 얼마나 행동으로 옮기고 있는지 돌아봐야 합니다. 마음과 외형적 행위가 일치하지 않는 삶이 자신의 인격과 신앙, 그리고 교회와 사회를 멍들게 합니다. 그래서 세상 사람들이 기독교를 개독교라고 비난합니다.

그렇기에 외식을 버려야 합니다. 외식이라는 단어는 헬라어로 '휘포크리테스(ὑποκριτής)'입니다. 그 단어는 연극을 할 때 어떤 인물의 역할을 하는 배우를 묘사하는 데 사용되었습니다. 연극에 들어가면 내가 아닌 연극의 주인공으로 사는 것, 본래의 나와는 상관없는 다른 사람으로 사는 것이 외식입니다. 즉 외식은 실제가 아닌 것을 가장하는 행위입니다. 예수님은 외식하는 자들을 향해 엄히 말씀하십니다.

> "화 있을진저 외식하는 서기관들과 바리새인들이여 너희는 천국 문을 사람들 앞에서 닫고 너희도 들어가지 않고 들어가려 하는 자도 들어가지 못하게 하는도다" (마태복음 23:13)

마지막 때 돈을 주의하라

그런가 하면 주님은 다음으로 돈을 주의하라고 말씀하십니다.

> "돈을 사랑함이 일만 악의 뿌리가 되나니 이것을 탐내는 자들은 미혹을 받아 믿음에서 떠나 많은 근심으로써 자기를 찔렀도다" (디모데전서 6:10)

> "그들의 우두머리들은 뇌물을 위하여 재판하며 그들의 제사장은 삯을 위하여 교훈하며 그들의 선지자는 돈을 위하여 점을 치면서도 여호와를 의뢰하여 이르기를 여호와께서 우리 중에 계시지 아니하냐 재앙이 우리에게 임하지 아니하리라 하는도다" (미가 3:11)

무슨 말씀인가요? 목회를 하는데 잘못한 것을 보고도 진리로 깨우쳐주지 않고, 괜찮다고 하며 그냥 넘어간다는 것입니다. 진리로 깨우쳐주면

욕을 먹을까봐 말입니다. 이렇게 말세의 큰 특징 가운데 하나는 사람들이 돈을 좇아가는 것입니다. 돈을 무엇보다 좋아합니다. 돈이 최우선입니다. 돈이 사람을 움직이고, 세상을 움직입니다.

> "누구든지 말로 인자를 거역하면 사하심을 받으려니와 성령을 모독하는 자는 사하심을 받지 못하리라 사람이 너희를 회당이나 위정자나 권세 있는 자 앞에 끌고 가거든 어떻게 무엇으로 대답하며 무엇으로 말할까 염려하지 말라 마땅히 할 말을 성령이 곧 그때에 너희에게 가르치시리라 하시니라" (누가복음 12:10-12)

주님께서 깊은 진리의 말씀을 전하셨습니다. 그런데 그 다음 절에 보면, 무리 중에 한 사람이 아주 생뚱맞게 말합니다. "선생님 내 형을 명하여 유산을 나와 나누게 하소서." 형이 아버지께 물려받은 재산을 자기한테 좀 나눠줄 수 있게 해달라는 것입니다. 진리 앞에서 전혀 반응하지 않습니다. 돈에 눈이 어두워 하나님의 말씀이 귀에 들어오지 않습니다. 오로지 돈에만 모든 관심이 집중되어 있는 것입니다. 그래서 예수님이 이어서 어리석은 부자의 이야기를 하시는 것입니다.

사도행전에 보면 시몬이라는 마술사가 사도들이 안수할 때 성령이 임하는 것을 보고 돈을 드리며 자기도 그런 권능을 갖게 해달라고 요청합니다. 그런데 그것은 성령의 능력으로 예수 그리스도를 증거하기 위함이 아니었습니다. 돈 버는데 그 능력을 사용하려고 했던 것입니다. 돈을 내고 성령을 받으면, 성령으로 다른 사람 병을 고쳐서 돈을 더 많이 벌려고 한 것입니다. 성령을 돈 버는 도구로 사용하겠다는 것입니다. 돈에 미친 것입니다. 사업 잘되게 하려고 예수 믿는 사람들도 있습니다. 시몬과 똑같은 사람인 것입니다. 히브리서 기자는 말합니다.

> "돈을 사랑하지 말고 있는 바를 족한 줄로 알라 그가 친히 말씀하시기를 내가 결코 너희를 버리지 아니하고 너희를 떠나지 아니하리라 하셨느니라" (히브리서 13:5)

하나님의 나라와 의를 구하라

그렇다면 마지막 때에 우리는 어떻게 살아야 합니까? 먼저 주님은 말씀하십니다.

> "너희는 무엇을 먹을까 무엇을 마실까 하여 구하지 말며 근심하지도 말라 이 모든 것은 세상 백성들이 구하는 것이라 너희 아버지께서 이런 것이 너희에게 있어야 될 줄을 아시느니라" (누가복음 12:29)

세상과 다름없이 구하지 않아도 될 것들을 구하고, 그런 것들로 인해 고민하고 걱정하며 살지 말라고 하십니다. 들에 백합화도 하나님이 아름답게 입히시는데, 너희를 입히시지 않겠느냐, 심지도 않고 거두지도 않고 방과 창고도 없는 까마귀도 하나님이 기르시는데, 너희를 기르시지 않겠느냐, 왜 그런 것으로 염려하느냐고 말씀하십니다. 그리고 우리가 어떻게 살아야 하는지를 말씀해 주십니다.

"너희 소유를 팔아 구제하여 낡아지지 아니하는 배낭을 만들라 곧 하늘에 둔 바 다함이 없는 보물이니 거기는 도둑도 가까이 하는 일이 없고 좀도 먹는 일이 없느니라" (누가복음 12:33)

하나님의 나라에 쌓아두는 삶을 사는 것이 그분의 나라를 구하는 것입니다. 단순히 헌금 많이 하라는 그런 말씀이 아닙니다. 우리가 헌금을 드리면 얼마나 드릴 수 있겠습니까? 주님이 정말 귀하게 여기시는 것을 쌓아야 합니다. 그게 뭡니까? 바로 영혼입니다. 주님은 한 영혼이 천하보다 귀하다고 하셨습니다. 그렇기에 한 영혼을 구원하여 하나님 앞에 드리면 그 어떤 보물보다 귀하고 값진 보물을 주님의 창고에 들이는 것입니다.

세상은 급변합니다. 과학 기술과 문명은 걷잡을 수 없이 발전하고 있습니다. 그런 세상 속에서 살고 있는 하나님의 백성들에게 주님은 시대를 분변하라고 말씀하십니다. 외식하지 말고, 돈을 사랑하지 말고 오직 하나님의 나라와 의를 구하라고 하십니다. 영원한 하나님 나라에 소망을 두고, 그 나라의 확장을 위해 살아가게 되기를 바랍니다.

'때를 분변하며 사는 세상'에 대해 생각해보기

01. 우리가 살고 있는 시대의 특징은 무엇입니까?

02. 급변하는 시대가 그리스도인으로 사는 우리에게 주는 유익과 무익은 무엇입니까?

03. 마지막 때에 성도가 경계해야 하는 것은 무엇입니까?

04. 내가 사는 세상 속에서 하나님의 나라와 의를 구하는 삶의 모습은 무엇입니까?

■ **암송구절** – 베드로전서 4:7

chapter 14

성경으로
가르치며
사는 세상

"그러나 너는 배우고 확신한 일에 거하라 너는 네가 누구에게서 배운 것을 알며 또 어려서부터 성경을 알았나니 성경은 능히 너로 하여금 그리스도 예수 안에 있는 믿음으로 말미암아 구원에 이르는 지혜가 있게 하느니라 모든 성경은 하나님의 감동으로 된 것으로 교훈과 책망과 바르게 함과 의로 교육하기에 유익하니 이는 하나님의 사람으로 온전하게 하며 모든 선한 일을 행할 능력을 갖추게 하려 함이라" (디모데후서 3:14-17)

성경으로 가르치며 사는 세상

초대 교회의 사도 바울이 가장 오랫동안 사역했던 곳이 에베소 지역입니다. 바울은 에베소를 떠날 때 자신을 대신할 후임 사역자를 세우고 떠났는데, 그가 바로 디모데입니다. 바울이 젊은 믿음의 아들 디모데에게 보내는 편지가 바로 디모데전서와 디모데후서입니다.

바울은 로마 감옥에 두 번 투옥되었습니다. 1차 수감 후 잠시 풀려났을 때 쓴 편지가 디모데전서이고, 2차 수감 후 사형 당하기 전에 쓴 편지가 디모데후서입니다. 신약성경 27권 가운데 바울이 기록한 성경이 히브리서까지 합하면 총 14권인데, 그 중 마지막으로 기록한 유서와도 같은 편지가 바로 디모데후서입니다.

성경에는 바울이 디모데를 부를 때 사용하던 호칭이 여러 군데에서 등장합니다.

믿음 안에서 참 아들 된 디모데(딤전 1:2), 하나님의 사람(딤전 6:11), 나의 동역자(롬 16:21), 그리스도 예수의 종(빌 1:1), 우리 형제 곧 그리스도의 복음을 전하는 하나님의 일꾼(살전 3:2), 내 사랑하고 신실한 아들(고전 4:17), 사랑하는 아들(딤후 1:2) 등 여러 호칭이 나옵니다.

빌립보서에 보면 '뜻을 같이하여 너희 사정을 진실히 생각할 자가 이밖에 내게 없다(빌 2:20)'고 할 정도로 바울은 디모데를 각별하게 생각했습니다. 바울과 디모데의 관계는 보통의 관계가 아니었습니다.

디모데에 관하여 조금 더 살펴보면, 디모데의 아버지는 이방인이었습니다. 어머니는 '유니게', 외할머니는 '로이스'라는 이름을 가진 유대인이었습니다. 성경은 디모데가 외할머니와 어머니의 신앙교육을 통해 하나님의 말씀을 전수 받았다고 말씀합니다.

> "이는 네 속에 거짓이 없는 믿음이 있음을 생각함이라 이 믿음은 먼저 네 외조모 로이스와 네 어머니 유니게 속에 있더니 네 속에도 있는 줄을 확신하노라" (디모데후서 1:5)

유대인을 구분하는 기준이 있습니다. 먼저 아버지와 어머니 둘 다 유대인이면 자녀는 무조건 유대인이 됩니다. 어머니가 유대인이고 아버지가 이방인이면 역시 무조건 유대인이라 인정을 받습니다. 반면에 아버지가 유대인이고 어머니가 이방인이면 시험을 거쳐 유대인으로 인정을 받습니다.

아무리 외모가 유대인처럼 생겼어도, 아버지가 유대인이어도 소용이 없습니다. 평가의 기준은 유대인들이 가지고 있는 전통 신앙을 가지고 있는지 여부입니다. 그리고 성경과 탈무드 교육의 영향력이 삶 속에 배어나오는지 아닌지를 살펴서 유대인 여부를 결정짓습니다. 그들이 신앙 교육을 얼마나 중요하게 여기는지를 알 수 있습니다.

유대인의 성경 교육

유대인들의 교육에는 두 가지 특징이 있습니다. '하브루타'와 '후츠파'입니다.

하브루타는 친구라는 뜻을 가진 히브리어 '하베르'에 어원을 두고 있습니다. 나이나 계급, 성별에 관계없이 두 명이 짝을 이루어 서로 토론하며 진리를 찾는 교육 방법입니다.

후츠파는 문자 그대로 옮기면 뻔뻔함, 담대함, 저돌성, 무례함 등으로 표현할 수 있을 것입니다. 형식과 권위에 얽매이지 않고 끊임없이 질문하고 도전하고, 때로는 뻔뻔하고도 당당하게 자신의 주장을 펴는 유대인 특유의 도전 정신을 의미합니다.

후츠파에는 일곱 가지 요소가 있습니다. 그것은 바로 형식 타파, 질문의 권리, 다양성 인정, 위험 감수, 목표 지향성, 끈질김, 실패로부터 교훈 얻기 등입니다. 실패해도 전혀 두려움이 없습니다. 그 실패로부터도 교훈을 얻을 수 있다고 생각하기 때문에 그렇습니다.

이스라엘 공동체 정신의 근원도 바로 이 하브루타 교육법과 후츠파 정신에 있습니다.

AD 70년 로마의 티투스(Titus) 장군이 이스라엘을 총공격하여 예루살렘을 함락시켰습니다. 최후의 격전지였던 맛사다 전투 이후 유대인들은 전 세계로 흩어지게 됩니다. 1948년 5월 14일, 팔레스타인 지역을 점령했던 영국이 철수를 발표하자마자 이스라엘이 독립과 국가 구성을 선언합니다. 그리고 거의 1,900년 만에 전 세계에 흩어져 살던 유대인들이 시온주의 운동을 펼치며 팔레스타인으로 모여들었습니다.

그런데 놀라운 것은 1,900년 만에 모였는데도 불구하고 언어가 통했다는 것입니다. 그뿐 아니라 사상과 생각, 그리고 삶의 형태까지 같았습니다. 어떻게 그런 일이 가능했는지 알아본 결과 유대인들의 교육에 해답이 있었습니다. 그들은 삶 속에서 한 권의 책과 하나의 건물에 끊임없이 마음과 정신을 쏟으며 살았습니다.

그 한 권의 책은 바로 성경이고, 하나의 건물은 회당이었습니다. 유대인 남자는 열 명 이상만 모이면 무조건 회당을 세운다고 합니다. 그리고 그중 한 명은 성경이나 탈무드를 가르치는 랍비로 세워졌고, 하나님의 말씀을 가르치는 일에 전념할 수 있게 했습니다.

그것이 바로 오랜 세월 이스라엘 민족을 하나로 묶어준 원동력이 된 것입니다. 그만큼 말씀 교육은 중요합니다. 엄청난 힘을 가지고 있습니다.

성경 교육의 원리

디모데후서는 가장 복음이 순수하던 그 시절, 초대 교회 최고의 복음 전도자 바울이 자신의 뒤를 이어 에베소 교회의 감독이 된 디모데에게 권면하는 말씀입니다.

바울은 언제 형장의 이슬로 사라질지 모르는 절체절명의 위기 가운데 있었습니다. 그런 바울이 믿음의 아들 디모데에게 마지막으로 권면하는 말씀이니 얼마나 중요한 말씀이겠습니까? 14절 말씀에서 바울이 남긴 권면의 핵심 메시지를 찾을 수 있습니다.

> "그러나 너는 배우고 확신한 일에 거하라 너는 네가 누구에게서 배운 것을 알며" (디모데후서 3:14)

'그러나'로 시작합니다. 전에 나오는 내용과 반대되는 모습으로 살라는 것입니다. 전에 어떤 내용이 나옵니까?

> "악한 사람들과 속이는 자들은 더욱 악하여져서 속이기도 하고 속기도 하나니" (디모데후서 3:13)

바울은 디모데에게 권면합니다.

"나의 믿음의 아들 디모데야! 세상 사람들은 서로 속이기도 하고 속기도 하면서 진리를 모르는 삶을 살아간다. 그러나 너는 그런 사람들처럼 살지 말고 배우고 확신한 일에 거하여라!"

흔들리지 말고 계속해서 배운 대로 살아가라는 것입니다. 배운다는 말을 어떻게 바꿀 수 있습니까? 교육이라는 말로 바꿀 수 있습니다.

성경 교육을 통해 무엇이 옳고 그른지 배워야 합니다. 디모데는 어려서부터 외조모와 어머니를 통해 성경을 교육받았기 때문에 성경적 기준이 분명하게 세워질 수 있었습니다. 교육이 중요합니다.

그러나 배운 것은 반드시 사상으로 이어져야 합니다. 배운 성경 말씀이 참 진리라는 확신을 가질 수 있어야 합니다. 바울은 디모데가 배우고 확신했다고 말합니다.

'배우고 확신한 일'에서 '확신'이라는 단어는 헬라어로 '에피스토테스(ἐπιστώθης)'입니다. 어떤 도전에도 흔들리지 않는 확고부동한 신념을 의미합니다. 디모데는 어려서부터 배운 말씀을 단순히 지식으로만 머리에 쌓아두지 않았습니다. 디모데는 성경 말씀이 그 무엇과도 바꿀 수 없는 진리라고 확신했습니다.

바울은 그런 디모데에게 배우고 확신한 것에 '거하라'고 당부합니다. '거하라'라는 단어는 헬라어로 '메네(μένε)'입니다. '머무르다, 남아 있다, 유지하다'는 뜻으로, 사람이 처하고 있는 정신적 상태를 떠나지 않는다는 의미를 가지고 있습니다.

바울은 많은 사람들이 자신의 생각, 경험, 그리고 옛 습관을 좇아 하나님을 떠나는 것을 보았습니다. 생각과 마음을 혼미하게 하는 수많은 이야기들과 이단 사상들로 인해 복음에 대한 확신이 흔들리는 것을 보았습니다. 그렇기 때문에 바울은 디모데에게 당부한 것입니다. 정신을 바짝 차리고 배우고 확신한 그 일에서 떠나지 말라고 말입니다.

> "또 어려서부터 성경을 알았나니 성경은 능히 너로 하여금 그리스도 예수 안에 있는 믿음으로 말미암아 구원에 이르는 지혜가 있게 하느니라"
> (디모데후서 3:15)

이를 통해 유대인 교육의 원리와 방법이 어떤 것인지를 명확하게 알 수 있습니다. 유대인들은 하나님께서 가르치라고 하신 것을 가르칩니다. 또한 하나님께서 가르치라고 하시는 대로, 하나님께서 가르치라고 하신 때에 가르칩니다. 교육의 방법과 내용, 시기 등 모든 과정을 하나님께서 말씀하신 대로 합니다.

유대인 교육의 중심 내용은 무엇입니까? 그들은 '여호와를 경외하는 것'이 지식의 근본이라고 가르칩니다.

어떻게 가르칩니까? 가정에서부터 부모가 가르쳐야 함을 강조합니다. 자녀들은 늘 부모에게 순종하고, 부모를 공경하며, 부모에게 배운 그대로 살아야 한다고 말씀합니다.
가장 중요한 교육의 시기는 언제입니까?

> "또 어려서부터 성경을 알았나니…" (디모데후서 3:15)

바울은 디모데가 어려서부터 성경을 알았다고 말합니다. 유태인들은 어려서부터 자녀 교육에 힘을 기울입니다. 자녀가 어릴 때 과자를 갖고 하나님의 말씀을 익히게 합니다. 가장 먼저 시편 119편을 외우게 합니다. 시편 119편은 총 176절로 되어 있는 성경에서 가장 긴 장입니다.

그런데 신기하게도 시편 119편은 여덟 구절씩 히브리어 알파벳 순서로 시작합니다. 1절부터 8절까지는 '알레프'라는 첫 번째 글자로 시작하고, 9절부터 16절까지는 '베트'라는 두 번째 글자, 17절부터 24절까지는 '깃멜'이라는 세 번째 글자로 시작합니다. 그렇게 마지막 글자 '타브'까지 이어집니다. 여덟 구절씩 22개의 알파벳 글자로 시작하여 총 합치면 176절이 됩니다.

유대인들은 얼마나 지혜롭고도 철저하게 자녀에게 성경을 가르치는지 모릅니다. 교육 없이는 미래가 있을 수 없고, 훈련 없이는 성숙할 수 없기 때문입니다. 미래를 위한 가장 중요하고도 확실한 투자는 교육입니다.

먼저 성경을 가르쳐라

제대로 된 부모라면 먼저 성경을 배우고, 확신하며, 그대로 살아야 합니다. 그리고 그것을 우리 자녀들에게 가르쳐야 합니다. 그보다 더 중요한 일은 없습니다. 왜 입니까? 그것은 바로 성경만이 구원을 가르치는 유일한 책이기 때문입니다.

세상에는 수많은 책들이 있습니다. 한국에서 하루에 쏟아져 나오는 책만 해도 300종류가 넘는다고 합니다. 교과서, 잡지, 월간지, 주간지 등 하루에도 어마어마하게 많은 책들이 쏟아져 나옵니다. 그런데 그 많은 책들 중 그 어떤 책도 사람으로 하여금 구원을 얻게 하지는 못합니다.

죄인을 구원하여 하나님의 자녀가 될 수 있게 하는 책은 성경밖에 없습니다. 성경만이 사람을 근본적으로 변화시킬 수 있습니다. 구원자이신 예수 그리스도를 알려주는 유일한 책이기 때문입니다.

> "너희가 성경에서 영생을 얻는 줄 생각하고 성경을 연구하거니와 이 성경이 곧 내게 대하여 증언하는 것이니라" (요한복음 5:39)

성경을 읽고, 연구할 때 예수 그리스도를 만나게 됩니다. 윤리, 도덕, 철학으로는 결코 구원받을 수 없습니다. 예수 그리스도를 만나야 합니다. 하나님께서 예수 그리스도를 통해 열어놓으신 구원의 길을 발견하는 것보다 중요한 것은 없습니다.

그것이 바로 어려서부터 성경을 가르쳐야 하는 이유입니다. 그런데 어떤 부모들은 자녀들이 세상의 학문을 배우고 익히는 데는 투자를 아끼지 않는데 성경을 가르치는 일에는 별 관심이 없어 보입니다.

아무리 위대한 업적을 세우고, 큰 부를 얻고, 명예를 갖게 된다 하여도 구원받지 못한다면 그 모든 것이 무슨 소용이 있습니까? 구원보다 소중한 것은 없습니다. 자녀들에게 성경을 가르치는 일을 게을리 하지 마십시오. 자녀들이 어려서부터 성경을 배울 수 있도록 돕는 것이 부모의 최우선 사명임을 기억하십시오.

성경적인 참된 교육이란?

교육이 무엇입니까? 사람들은 교육하면 머릿속에 넣어주는 것이라고 오해합니다. 아닙니다. 교육은 영어로 에듀케이션(education)이라고 합니다. 이 단어는 라틴어 '에듀카토(educato)'에서 나왔습니다. 그 의미는 '밖으로 끌어내다'입니다.

교육의 진정한 의미는 하나님께서 개인 안에 넣어 놓으신 것을 찾아내고 발견하여 그것을 끄집어내는 것입니다. 그래서 하나님께서 그를 통해 하시길 원하시는 일을 하며 행복하게 살 수 있도록 도와주는 것이 교육의 진정한 목적입니다.

그런데 세상이 과연 그런 교육을 하고 있습니까? 세상적 기준으로 좋은 교육은 일류 대학에 합격할 수 있게 해주는 데 있습니다. 대입수능시험에 나오는 문제의 답을 잘 쓰는 사람 만들어내는 것을 교육의 목표로 하고 있습니다.

좋은 대학의 기준은 무엇입니까? 세상은 졸업하면 고액의 연봉이 보장되는 직장에 갈 수 있는 대학을 좋은 대학이라고 말합니다.

학교가 가지고 있는 기준에 미치지 못하는 아이들은 학교 부적응아라고 평가합니다. 국영수 과목 시험 점수가 낮으면 학습부진아 소리를 듣게 됩니다. 그런데 정말 그렇습니까? 아닙니다. 아주 잘못된 말입니다.

생각해 보십시오. 국영수 과목은 만점 받는데 피아노를 못 치면 피아노 부진아라고 부릅니까? 국영수 과목은 잘 하는데 태권도를 못 하면 태권도 부적응아라고 합니까? 그렇지 않습니다.

하나님께서 각 아이들마다 그들이 잘 할 수 있는 것, 그것을 잘 갈고 닦아 하나님께 영광을 돌릴 수 있는 것을 심어 놓으셨습니다. 국영수 과목만을 기준으로 삼지 말고 하나님의 기준으로 아이들을 볼 수 있어야 합니다.

악기를 잘 다루는 아이, 운동 잘 하는 아이, 그림을 잘 그리는 아이, 글을 잘 쓰는 아이, 봉사를 잘 하는 아이, 관계를 잘 맺는 아이가 있을 수 있습니다. 그것을 인정해 주고, 그 분야에서 행복하게 자신의 소명을 따라 살아갈 수 있도록 해줘야 하지 않겠습니까?

성경적인 교육은 하나님께서 사람 안에 심어 놓으신 것을 끄집어내서, 하나님께서 그를 통해 이루시기 원하시는 일을 감당할 수 있도록 하는 데 있다는 것을 기억해야 합니다.

성경의 교육적 기능

"모든 성경은 하나님의 감동으로 된 것으로 교훈과 책망과 바르게 함과 의로 교육하기에 유익하니" (디모데후서 3:16)

성경 교육이 중요한 또 다른 이유는 성경이 하나님의 감동으로 기록된 책이기 때문입니다. 하나님의 감동으로 되었다는 말씀은 쉽게 말하면 저자가 하나님이시라는 것입니다.

또 이 구절은 성경의 중요한 4가지 기능을 가르쳐 줍니다. 먼저 성경은 삶의 원리와 방법, 정도를 가르쳐주는 '교훈'의 기능이 있습니다. 구원받은 성도가 어떤 마음과 생각과 태도를 가지고 살아야 하는지 교훈해줍니다. 성도는 성경을 통해 하나님이 원하시는 삶을 살게 됩니다. 성경이 없이는 바른 교훈을 얻을 수 없습니다.

둘째로 성경은 '책망'의 기능을 가지고 있습니다. 교훈 앞에서 두 가지의 반응이 있을 것입니다. 하나는 교훈을 마음에 새기고 바른 신앙 안에서 살아가는 것이고, 또 다른 하나는 교훈을 받았음에도 불구하고 그것을 떠나 곁길로 가는 것입니다.

성경은 잘못된 길로 가는 사람들을 책망합니다. 사도 바울 당시에도 무수히 많은 이들이 이단 사설에 빠져 들었습니다. 바른 교훈인지 아닌지를 구분지어 잘못된 가르침을 경책할 수 있는 유일한 책이 성경입니다. 성경을 기독교의 정경이라고 합니다. 정경은 영어로 '캐논(canon)'인데, '자' 또는 '기준'이라는 의미입니다. 성경만이 옳고 그름의 유일한 기준이 됩니다.

셋째로 성경은 '바르게 함과 의로 교육함'의 기능을 가지고 있습니다. 성경은 잘못된 길을 가는 사람들이 무엇이 잘못되었으며, 어디서부터 바로 잡아야 할지를 깨닫게 해줍니다.

그리고 더 나아가 진리를 따라 바르고 의로운 삶을 살아갈 수 있게 합니다. 말씀을 꾸준히 배우고, 말씀대로 살아가는 것이 얼마나 중요하고 또한 유익한지는 거듭 강조해도 부족함이 없을 것입니다.

> "이는 하나님의 사람으로 온전하게 하여 모든 선한 일을 행할 능력을 갖추게 하려 함이라" (디모데후서 3:17)

'온전하게'라는 단어는 '성숙'을 의미합니다. 바울은 시의적절하고 바르게 이뤄지는 성경 교육을 통해 그리스도의 장성한 분량에 이를 수 있다고 말합니다. 인류와 역사에 선한 영향력으로 위대한 업적을 남기는 하나님의 사람이 될 수 있게 하는 책이 성경입니다.

그렇기에 유명한 빅토르 위고는 "영국은 두 개의 책을 가지고 있다. 하나는 셰익스피어이고, 하나는 성경이다"라고 말했습니다.

영국의 빅토리아 여왕은 성경대로 통치하겠다고 약속했습니다. 그리고 64년 재위하는 동안에 드디어 영국을 대영 제국으로 만들어 놓았습니다.

독일의 유명한 종교개혁자 마르틴 루터가 하나님의 말씀을 서민들에게 나누어주면서부터 국민들이 깨어나기 시작했습니다. 유명한 독일의 기라성 같은 역사의 인물들은 종교개혁 이후 성경이 서민들의 손에 들어간 때부터 생겨났습니다.

현 독일의 수상 메르켈은 4년씩 네 번이나 수상을 연임하고 있습니다. 메르켈의 아버지가 동독의 목사님이었습니다. 사람들이 그녀에게 물었습니다. 어떻게 그 어려운 동독에서 자랐는데 네 번이나 수상을 할 수 있냐고, 정치를 하는 기본적인 원리가 무엇이냐고 말입니다.

그 질문에 메르켈은 모든 상황에 어려서부터 배웠던 하나님의 말씀에서 발견한 원리를 적용한다고 답했습니다.

그렇습니다. 하나님의 말씀이 정답입니다. 하나님의 말씀이 참되고도 유일한 기준입니다. 하나님의 말씀만이 온 인류를 바른 길로 이끌 수 있습니다.

날마다 성경의 가르침을 상고하며, 성경의 가르침 가운데 살며 하나님을 영화롭게 하고 사람을 존귀하게 하는 삶을 살아가기를 바랍니다.

| '성경으로 가르치며 사는 세상'에 대해 생각해보기

01. 유태인들의 교육은 어떤 특징을 가지고 있습니까?

02. 유태인 교육의 특징이 나에게 주는 도전은 무엇입니까?

03. 성경교육이 중요한 이유가 무엇입니까? 성경의 4가지 기능은 무엇입니까?

04. 자녀에게 성경적 가치관을 심어주기 위해 할 수 있는 노력은 무엇입니까?

■ 암송구절 – 디모데후서 3:15

chapter 15

하나님의 영광을 위하여 사는 세상

"모든 것이 가하나 모든 것이 유익한 것은 아니요 모든 것이 가하나 모든 것이 덕을 세우는 것은 아니니 누구든지 자기의 유익을 구하지 말고 남의 유익을 구하라 무릇 시장에서 파는 것은 양심을 위하여 묻지 말고 먹으라 이는 땅과 거기 충만한 것이 주의 것임이라 불신자 중 누가 너희를 청할 때에 너희가 가고자 하거든 너희 앞에 차려 놓은 것은 무엇이든지 양심을 위하여 묻지 말고 먹으라 누가 너희에게 이것이 제물이라 말하거든 알게 한 자와 그 양심을 위하여 먹지 말라 내가 말한 양심은 너희의 것이 아니요 남의 것이니 어찌하여 내 자유가 남의 양심으로 말미암아 판단을 받으리요 만일 내가 감사함으로 참여하면 어찌하여 내가 감사하는 것에 대하여 비방을 받으리요 그런즉 너희가 먹든지 마시든지 무엇을 하든지 다 하나님의 영광을 위하여 하라 유대인에게나 헬라인에게나 하나님의 교회에나 거치는 자가 되지 말고 나와 같이 모든 일에 모든 사람을 기쁘게 하여 자신의 유익을 구하지 아니하고 많은 사람의 유익을 구하여 그들로 구원을 받게 하라" (고린도전서 10:23-33)

하나님의 영광을 위하여 사는 세상

아리스토텔레스는 목적론적 세계관을 제시하였습니다. 세상 만물은 이유 없이 존재하지 않으며 분명한 목적을 품고 있다는 것입니다.

그는 그러한 사고를 바탕으로 '행복'을 인간 삶의 궁극적인 목적이자 절대선(summon bonum)으로 상정하였습니다. 즉 모든 인간은 행복이라는 삶의 목적을 달성하기 위해 살아간다는 것입니다.

여러분의 삶의 목적은 무엇입니까? 아리스토텔레스의 말처럼 행복이라는 목적을 이루기 위해 살아가십니까? 무엇을 이루고자 그렇게 열심히 살아가고 계십니까?

많은 사람들이 부나 명예를 인생의 목적으로 삼고 살아가는 것을 볼 수 있습니다. 부귀영화를 얻어서 무엇을 하려 하느냐고 물어보면 대부분 두 가지 대답으로 나뉩니다.

첫 번째는 행복을 위해서 돈도 많이 벌고 명예도 얻으려고 한다는 것입니다. 잘 먹고, 잘 살고, 남부럽지 않은 삶을 사는 것에 인생의 목적을 두고 사는 것입니다. 그런가 하면 어떤 사람들은 선한 일을 하기 위해서라고 대답합니다. 돈을 벌고 역량을 키워서 남을 도와주고, 베풀며 사는 삶을 살고 싶다는 것입니다.

전자를 가리켜 '자기중심적 삶'이라고 할 수 있습니다. 자기의 영광을 위해 사는 것입니다. 반면에 후자는 '이타적 삶'이라 할 수 있습니다. 보다 고차원적인 삶의 목적이라 할 수 있을 것입니다. 그러나 후자의 삶 역시도 한편으로는 자기의 영광을 위한 삶이 될 수도 있습니다.

어떤 목적을 가지고 사느냐?

그렇다면 성경은 어떤 삶의 목적을 가지라고 말씀하실까요? 고린도 전서에는 사도 바울이 가지고 살았던 삶의 목적이 잘 나타나 있습니다.

> "그러므로 여러분은 먹든지 마시든지, 무슨 일을 하든지, 모든 것을 하나님의 영광을 위하여 하십시오. 여러분은 유대 사람에게도 그리스 사람에게도 하나님의 교회에도, 걸림돌이 되지 마십시오. 나도 모든 일을 모든 사람의 마음에 들게 하려고 애씁니다. 그것은, 내가 내 이로움을

구하지 않고, 많은 사람의 이로움을 추구하여, 그들이 구원을 받게 하려는 것입니다" (고린도전서 10:31-33, 새 번역)

사람들은 저마다의 삶의 목적을 가지고 살아갑니다. 바울이 가지고 있었던 삶의 목적, 그것은 바로 하나님의 영광이었습니다. 성경은 우리가 하나님의 영광을 위해 살아가야 한다고 말씀합니다.

적지 않은 분들이 목표와 목적을 혼동하며 살아갑니다. 둘의 차이가 무엇입니까? 가령, 좋은 대학을 들어가기 위해 도달하고자 하는 구체적인 등수나 점수를 정하면 그것을 '목표'라고 합니다. 목표는 여러 가지가 될 수 있습니다. 그러나 그것이 '목적'이 될 수는 없습니다. 목적은 목표를 이룸으로 성취하고자 하는 궁극적인 방향성을 의미합니다.

종교개혁이 일어나게 된 배경에는 여러 가지가 있습니다. 당시 구교(가톨릭)는 소위 면죄부(죄를 면하는 대가로 금품을 받고 발행한 증서)를 팔아서 성당을 지었습니다. 성직자들이 돈을 받고 구원을 판 것입니다.

뿐만 아니라 구원에 대한 가르침도 비성경적이었습니다. 성경은 오직 믿음으로만 구원받을 수 있다고 이야기하는데, '행위구원론' 즉 행함을 통해 구원받을 수 있다고 가르친 것입니다.

또한 구교에는 마리아를 숭배하고, 성자들을 숭배하는 사상이 생겨났습니다. 하나님 한 분 외에는 영광을 받으시면 안 되는데, 인간에게 영광을 돌리는 일이 일어났던 것입니다. 이에 종교개혁가들이 5대 강령을 내걸고 교회 개혁을 외쳤습니다. 그 가운데 하나가 바로 '오직 하나님의 영광(Soli Deo Gloria)'입니다.

하나님의 영광을 회복하는 일에 자신의 삶을 드린 사람들, 그들 까닭에 오늘 우리는 하나님을 바르게 알고 섬기는 일에 매진할 수 있게 된 것입니다.

어떤 인생의 목적을 가지고 살아가느냐가 중요합니다. 하나님의 영광을 위해 살아가는 사람은 당대를 넘어 후대에 이르기까지 수많은 사람들에게 선한 영향력을 주는 삶을 살 것이라고 믿습니다.

하나님의 영광을 위하여

고린도전서는 바울이 고린도 교회를 향하여 쓴 서신입니다. 고린도 교회는 바울이 2차 전도 여행 당시 고린도 지방에 세웠고, 그곳에서 약 1년 6개월을 머물렀습니다. 그리고 그 이후 바울은 에베소로 옮겨가 3년 동안 사역을 감당했습니다.

바울이 에베소에서 사역하는 동안 고린도 교회에 관한 좋지 않은 소식이 들려왔습니다. 고린도 교회에 적지 않은 문제가 발생한 것입니다.

성도들이 그리스도파, 게바파, 아볼로파, 바울파로 파당을 지어 분열되었습니다. 그뿐 아닙니다. 교인끼리 세상 법정에 송사하는 사건도 일어났습니다. 또한 은사, 성찬, 부활 등에 관한 생각 차이로 인해 서로를 비판하고 조롱하는 문제 등 적지 않은 문제로 교회가 어렵게 되었습니다.

특별히 여러 문제 중 고린도전서 10장 23-33절에는 우상의 제물에 관한 문제가 기록되어 있습니다.

고린도 지역의 시장에서 나오는 모든 고기는 제우스신에게 제물로 드려졌던 것이었습니다. 쉽게 말하면 제사상에 올라갔던 고기를 시장에서 팔았던 것입니다. 그래서 어떤 그리스도인들은 우상에게 바쳐졌던 고기를 먹을 수 없다는 의견을 피력했습니다.

그런데 바울은 그들을 향해 시장에서 파는 고기의 출처에 대해서 묻지 말고 그냥 먹으라고 합니다. 그런 것은 우리의 영혼에 아무런 문제가 되지 않기 때문입니다. 그러나 어떤 사람들이 제사 드렸던 고기를 먹느냐고 물으면 먹지 말라고 합니다. 묻는 그 사람을 위해서, 그가 그 일로 시험에 들 수 있다면 먹지 말라고 말합니다.

고린도전서 8장에서도 바울은 비슷한 말을 합니다.

> "음식은 우리를 하나님 앞에 내세우지 못하나니 우리가 먹지 않는다고 해서 더 못사는 것도 아니고 먹는다고 해서 더 잘사는 것도 아니니라 그런즉 너희의 자유가 믿음이 약한 자들에게 걸려 넘어지게 하는 것이 되지 않도록 조심하라 지식 있는 네가 우상의 집에 앉아 먹는 것을 누구든지 보면 그 믿음이 약한 자들의 양심이 담력을 얻어 우상의 제물을 먹게

> 되지 않겠느냐 그러면 네 지식으로 그 믿음이 약한 자가 멸망하나니 그는 그리스도께서 위하여 죽으신 형제라 이같이 너희가 형제에게 죄를 지어 그 약한 양심을 상하게 하는 것이 곧 그리스도에게 죄를 짓는 것이니라 그러므로 만일 음식이 내 형제를 실족하게 한다면 나는 영원히 고기를 먹지 아니하여 내 형제를 실족하지 않게 하리라" (고린도전서 8:8-13)

바울은 자신에게 있는 자유도 믿음이 약한 사람들에게 해가 될 수 있다면 그것을 제한하고 희생하는 삶을 살겠다는 것입니다. 그의 초점은 하나님의 영광에 맞춰져 있습니다. 먹든지 마시든지 무엇을 하든지 다 하나님의 영광을 위해 하겠다는 것입니다.

이처럼 성도는 일거수일투족 가운데 '이 일이 하나님께 영광이 되는가?'라는 고민을 할 수 있어야 합니다.

아무리 큰 재물을 얻고, 사람들로부터 인기를 얻는다 하여도 하나님의 영광이 드러나지 않을 것 같다면 거부할 수 있어야 합니다. 나의 자존심이 아니라 하나님의 영광을 위해 때로는 모든 것을 참을 수 있어야 합니다. 손해를 보더라도 신앙인의 양심을 지킴으로 하나님께 영광을 돌려드릴 수 있어야 하는 것입니다.

2002년 대한민국 월드컵을 빛낸 축구 선수 중에 이영표 선수를 아실 것입니다. 지금은 축구해설가로 활동하고 있는 그는 현역 시절 전 세계적으로 발이 빠르고 부지런한 선수로 정평이 났었습니다. 그런데 그가 2002년 월드컵 개막을 이틀 앞두고 다리를 다치게 됩니다. 의사는 앞으로 3개월 동안 절대 뛰어선 안 되고, 잘 쉬어야 한다는 진단을 내립니다.

국가 대표로 선발되어 꿈에도 그리던 월드컵에 나가게 되었는데, 이제 모든 것이 물거품이 된 것입니다. 그때 믿음이 좋기로 소문난 이영표 선수의 마음에도 하나님을 향한 원망이 일어났다고 합니다.

그러면서도 마음이 힘들어 욥기를 보면서 기도를 하는데, 그런 마음이 들었다고 합니다.
'네가 하나님의 영광을 위하여 월드컵에 나가려고 하느냐, 아니면 너의 영광을 위하여 월드컵에 나가려고 하느냐?'

'그렇지. 하나님의 영광을 위하여 월드컵에 나가려고 했던 것인데, 이렇게 하나님을 원망할 일이 아니다. 이번이 아니면 다음에 하나님께서 또 기회를 주시겠지.'

이영표 선수는 하나님 앞에 엎드려 회개하였고, 모든 것을 다 내려놓았다고 합니다. 그러자 오히려 하나님을 향한 감사의 고백이 터져 나왔다고 합니다. 그런데 놀라운 일이 일어났습니다. 히딩크 감독이 특별 피지컬 트레이너를 붙여 주었는데, 그의 돌봄을 통해 다리가 정상적으로 회복되었고, 월드컵 경기에 출전할 수 있게 된 것입니다.

그 후 포르투갈과의 경기에 출전하였는데 그 경기에서 우리나라가 승리하게 됩니다. 경기 후 이영표 선수가 무릎을 꿇고 기도했던 장면을 대한민국 국민이라면 다 기억할 것입니다. 왜 그가 전 세계 사람들이 다 지켜보는 가운데 그렇게 하나님께 기도했는지 충분히 공감할 수 있을 것입니다.

무엇을 하든지 목적은 하나

신앙이 있는 많은 사람들이 하나님의 영광을 위해 살겠노라고 다짐하고 고백하는 모습을 볼 수 있습니다. 그런데 정작 마음의 중심에는 여전히 자기 자신의 영광을 위하여 살아가는 경우가 얼마나 많은지 모릅니다.

정말 하나님의 영광을 위해 살아가고 계십니까? 혹시 하나님의 영광은 뒷전으로 놓고, 자신의 영광을 먼저 챙기고 있지는 않습니까?

많은 성도들이 당장 눈앞의 이익을 위해서는 신앙인의 양심 같은 것은 생각조차 하지 않습니다. 조금만 손해를 보면 얼굴을 붉혀가며 성을 낼 때도 있습니다. 신경을 살짝 건드리는 말만 들어도 두 배, 세 배로 되갚아주고픈 마음을 가질 때도 너무나 많습니다.

정말 하나님의 영광을 위해 살아가고 있는지 살펴보십시오. 자신의 영광을 구하는 사람이 되지 마시고, 하나님의 영광을 구하는 사람이 되십시오. 손해 보더라도, 누가 알아주지 않는다 하더라도, 때로는 오해를 당하더라도 하나님의 영광이 더 소중하다고 고백하며 묵묵히 참아낼 수 있게 되기를 바랍니다.

성경은 무엇을 하든지 다 하나님의 영광을 위해서 하라고 말씀합니다.

장사를 하든지, 농사를 짓든지, 정치를 하든지, 교육을 하든지, 예술을 하든지, 그 어떤 일이든지 하나님 앞에 영광을 돌리는 삶을 살아야 하는 것입니다. 저마다 삶의 모습은 다를지 모르지만 궁극적인 목적은 '하나님의 영광' 하나입니다.

세계적으로 유명한 3대 성악가를 잘 아실 것입니다. 전설적인 '쓰리 테너(Three Tenors)'로도 유명한 플라시도 도밍고, 호세 카레라스, 루치아노 파바로티가 바로 그들입니다.

그 중에 호세 카레라스는 '은빛 테너'라는 별명으로 불리며, 영혼을 울리는 목소리라는 평가를 받기도 했습니다. 1970년대 아주 왕성한 활동을 하며 명성을 떨쳤습니다.

그런데 이분이 1987년 7월에 파리에서 <라 보엠> 영상 촬영을 하다가 쓰러지게 됩니다. 알고 보니 백혈병에 걸려 있었던 것입니다. 의학적으로 살아날 확률이 10%도 되지 않았습니다. 사형 선고를 받은 것이나 마찬가지의 상황을 만난 것입니다.

그때 호세 카레라스는 하나님 앞에 무릎을 꿇습니다.
"하나님 제 생명을 연장시켜 주시면 오직 주님의 영광만을 위하여 노래하겠습니다. 그동안 제 자신의 명성을 위해 노래했지만, 이제 하나님의 영광을 위해 노래하고 싶습니다."

그런데 정말 기적적으로 병이 호전되었고, 완쾌하여 재기에 성공하였습니다. 그 후로부터는 노래를 불러서 얻는 수익의 50%는 무조건 백혈병 환자들을 돕는 일에 쓰고, 하나님의 영광을 위하여 드린다고 합니다.

어느 기자가 그와 인터뷰를 했습니다. 어떻게 그렇게 열심히 노래를 부르냐고 물었습니다. 그때 호세 카레라스는 이렇게 대답했습니다.
"나는 그냥 노래를 부르는 것이 아닙니다. 생명을 연장시켜주신 하나님을 찬양하며, 그분께 영광을 돌리는 것입니다. 저는 무슨 노래를 하든지 제게 허락하신 은혜에 감사하며 하나님께 하듯 합니다. 기회가 주어질 때마다 최선을 다해 하나님의 은혜를 전하고 싶습니다."

하나님의 말씀대로 사는 삶

개혁교회의 중요한 신앙 고백을 문답 형식으로 요약한 것을 '웨스트민스터 소요리문답(Westminster Shorter Catechism)'이라고 합니다. 믿음의 선조들이 신앙의 기초를 잡아주고, 성경을 잘 이해할 수 있도록 하기 위해 만든 것입니다.

소요리문답의 첫 번째 질문은 '사람의 첫째가는 목적이 무엇인가?'입니다. 그에 대한 답은 '하나님을 영화롭게 하고, 영원토록 하나님을 즐거워하는 것입니다(Man's chief end is to glorify God, and to enjoy him for ever)'라고 되어 있습니다.

두 번째 질문은 '하나님을 영화롭게 하고 하나님을 즐거워하도록 지도

하시기 위해 하나님께서 우리에게 주신 법칙이 무엇인가?'입니다. 그에 대한 답은 '구약과 신약 성경에 기록된 하나님의 말씀뿐입니다(The word of God, which is contained in the scriptures of the Old and New Testaments, is the only rule to direct us how we may glorify and enjoy him)'라고 되어 있습니다.

인생의 가장 궁극적인 목적은 하나님께 영광을 돌리고 그분을 영원토록 즐거워하는데 있다고 합니다. 그리고 그렇게 살기 위해서 하나님께서 우리에게 성경 66권을 주셨다는 것입니다. 그렇다면 하나님의 말씀대로 사는 삶이 곧 하나님께 영광을 돌리는 삶이라고 말할 수 있을 것입니다.

말씀을 더 가까이 하십시오. 말씀을 잘 알지 못하는 사람은 하나님의 영광을 위해 살아갈 수 없습니다. 말씀을 읽고 또 읽을 때 온 우주와 역사, 시대를 바라보고 해석할 수 있는 성경적 관점을 가질 수 있습니다.

얼마 전 개헌을 위해 정부에서 개헌안을 내었습니다. 저도 거의 밤을 새며 내용을 다 살펴보았습니다. 줄을 그으며 제 생각을 적어보기도 했습니다.

헌법을 개정하는 것이 정말 필요하면 국민들에게 충분한 설명을 해주고, 동의를 얻어서 진행하면 된다고 봅니다. 그렇지만 꼭 가져야 할 시각이 분명히 있습니다. 그것은 바로 성경적 관점입니다.

다른 사람의 유익을 구하는 삶

하나님의 영광을 위해 살아가는 삶은 구체적으로 어떤 모습으로 사는 것을 말할까요? 바울은 먼저 다른 사람의 유익을 구하는 삶이 곧 하나님의 영광을 위해 살아가는 삶이라고 말합니다.

> "모든 것이 가하나 모든 것이 유익한 것은 아니요 모든 것이 가하나 모든 것이 덕을 세우는 것은 아니니 누구든지 자기의 유익을 구하지 말고 남의 유익을 구하라 무릇 시장에서 파는 것은 양심을 위하여 묻지 말고 먹으라 이는 땅과 거기 충만한 것이 주의 것임이라 불신자 중 누가 너희를 청할 때에 너희가 가고자 하거든 너희 앞에 차려 놓은 것은 무엇이든지 양심을 위하여 묻지 말고 먹으라 누가 너희에게 이것이 제물이라 말하거든 알게 한 자와 그 양심을 위하여 먹지 말라" (고린도전서 10:23-28)

자기 스스로에게는 거리낄 것이 없어도 다른 사람에게 시험이 될 수 있다면 먹지 말라고 합니다. 자기 자신만 아는 이기적인 삶이 아니라, 늘 다른 사람의 마음을 살피는 이타적인 삶을 살라는 것입니다.

여러분의 삶을 자세히 살펴보십시오. 시간과 에너지, 재물 등을 어떻게 사용하고 있습니까? 자신을 위하여 사용할 때가 많습니까, 아니면 이웃을 위해 사용할 때가 많습니까?

내 기분과 감정을 우선으로 여깁니까, 아니면 주변 사람들의 기분과 감정을 먼저 살핍니까?

어떤 사람이 자동차 왕 헨리 포드에게 어떻게 그렇게 성공하여 돈을 많이 벌 수 있었느냐고 비법을 물었습니다. 그때 헨리 포드가 이렇게 대답했다고 합니다.

"첫 번째 가장 값싼 자동차를 만들기 위해 노력했고, 두 번째 가장 편안한 자동차를 만들기 위해 노력했고, 세 번째 가장 안전한 차를 만들기 위해 노력했습니다."

'어떻게 하면 더 싼 값에 편안하고 안전한 차를 제공할 수 있을까?' 헨리 포드의 성공 비결은 타인을 생각하는 마음에서부터 시작된 것입니다. 어떻게 하면 다른 사람들로부터 돈을 벌어들일 수 있을까만을 궁리하며 차를 만들었다면, 오늘날 헨리 포드를 아는 사람이 아무도 없을 것입니다.

하나님을 모르는 사람들은 죄의 관성을 따라 살아갑니다. 오직 자신의 배를 채우고, 자신의 주머니를 채우고, 자신의 명성을 높이기 위해 삽니다. 그것을 위해서라면 악한 일도 서슴지 않습니다.

그러나 그리스도인들은 그러한 삶에서 건져냄을 받은 사람들입니다. 전혀 다른 가치관을 가지고 살아갑니다. '어떻게 하면 다른 사람을 높여줄 수 있을까? 어떻게 하면 다른 사람들에게 유익을 줄 수 있을까?'를 고심하며 이타적인 삶을 삽니다.

하나님의 영광을 위한 삶은 교회에서 기도만 열심히 하고, 금식하고, 청소만 열심히 하는 것이 아닙니다. 세심하게 주변 사람들을 살피며, 그들의 유익을 채워주는 삶을 사는 것이 하나님의 영광을 위한 삶입니다.

> "나와 같이 모든 일에 모든 사람을 기쁘게 하여 자신의 유익을 구하지 아니하고 많은 사람의 유익을 구하여 그들로 구원을 받게 하라" (고린도전서 10:33)

성경은 다른 사람을 유익하게 해야 하는 이유가 그들의 영혼을 구원하기 위함이라고 말합니다. 사람들에게 좋은 평판을 듣기 위함이 아닙니다. 영혼을 구원해야 한다는 초점이 흐려져서는 안 됩니다. 영혼 구원보다 이타적인 삶은 없습니다.

구원받아 영생을 소유한 성도는 어찌하든지 한 사람이라도 더 구원을 받게 하는 삶을 살아야 합니다.

> "지극히 높은 곳에서는 하나님께 영광이요 땅에서는 하나님이 기뻐하신 사람들 중에 평화로다" (누가복음 2:14)

성경은 예수님의 탄생이 하나님께 영광이 된다고 말씀합니다. 왜 그렇습니까? 온 인류가 짊어지고 있는 죄의 문제를 해결하고, 하나님의 자녀가 되게 하기 위한 하나님의 구원 계획이 구체적으로 드러난 사건이었기 때문입니다.

하나님은 창세 전에 이미 인간의 구원 계획을 갖고 계셨습니다. 그 계획을 구체적으로 이루시기 위해 예수님을 이 땅에 보내신 것입니다.

예수님은 하나님의 구원 계획을 이루기 위해 이 땅에 오셨습니다. 그리고 모든 인류의 죄를 대신 짊어지시고 십자가에서 죽으심으로 죄 문제를 해결하셨습니다. 예수님은 하나님의 영광을 위해 온전히 드려진 삶을 사셨습니다.

아직 예수님을 믿지 않는 사람들에게 복음을 전하여 예수님을 믿게 하는 삶을 사십시오. 그것이 하나님의 영광을 위한 삶입니다. 복음을 전하기 위해 자신을 낮추십시오. 다른 이들의 유익을 먼저 생각하며 세심하게 그들의 필요를 채워주십시오. 조금 더 희생하고, 조금 더 섬기는 삶을 사십시오.

훗날 하나님 앞에 서게 되는 날, 예수 그리스도처럼 온전히 하나님의 영광을 위하여 드려진 삶을 살았다고 인정받는 삶이 되기를 바랍니다.

'하나님의 영광을 위하여 사는 세상'에 대해 생각해보기

01. 어떤 삶의 목적을 가지고 있습니까, 꼭 이루고 싶은 일이 있다면 그것은 무엇입니까?

02. 사도 바울이 가지고 있었던 삶의 목적은 무엇입니까?

03. 하나님의 영광을 위해 사는 사람은 구체적으로 어떻게 살아갑니까?

04. 하나님의 영광을 위해 가정과 직장, 그리고 속한 공동체에서 실천해야 할 일은 무엇입니까?

■ **암송구절** – 고린도전서 10:31

chapter 16

받기보다
주며 사는
세상

"주라 그리하면 너희에게 줄 것이니 곧 후히 되어 누르고 흔들어 넘치도록 하여 너희에게 안겨 주리라 너희의 헤아림은 그 헤아림으로 너희도 헤아림을 도로 받을 것이니라" (누가복음 6:38)

받기보다 주며 사는 세상

주는 것과 받는 것 둘 중에 여러분은 어떤 것을 좋아하십니까? 정직하게 한 번 생각해 보시길 바랍니다. 주는 것이 더 복되다고 금방 쉽게 대답할 수 있지만 조금만 더 생각해 보십시오. 정말 주는 것이 기쁘십니까? 줄 때가 행복합니까, 받을 때가 행복합니까?

주기를 즐겨하십니까, 아니면 받기를 즐겨하십니까? 주지 못해서 슬퍼하고 안타까워하십니까, 아니면 받지 못한 것 때문에 속상하고 마음이 불편하십니까? 점점 더 답하기 어려워집니다.

누구에게 어떤 것을 좀 나눠줘야 하는데, 그걸 못줘서 고민하고 슬퍼하며 어떻게 하면 줄 수 있을까 염려하고 걱정하는 분이 계십니까? 주지 못해서 안달하고, 주지 못해서 마음 상하고, 주지 못해서 걱정하고 번민

하는 사람은 사실 거의 없습니다.

아주 좋은 선물을 받으면 기분이 어떻습니까? 좋은 만년필, 좋은 신발, 좋은 옷을 받으면 기분이 좋습니다. 고급 승용차를 선물로 받고, 아파트를 한 채 받으면 어떨까요? 아마 엄청나게 기쁠 것입니다. '이 선물은 다른 사람에게 줘야 하는데 하필이면 왜 나한테 주는 거야' 하며 고민하고 기분 나빠하는 사람은 아무도 없을 것입니다.

우리는 주는 것을 좋아한다고 말하지만 실제로는 받는 것을 훨씬 더 좋아합니다. 받는 것에 너무나도 익숙합니다. 받지 못하면 속상해 하고, 받아도 적게 받은 것으로 인해 기분 나빠합니다. 이것이 우리의 솔직한 모습입니다.

왜 그럴까요? 주면 내 것을 손해보고, 소유가 줄어든다고 생각하기 때문입니다. 받아야 내 것을 지킬 수 있고, 더 풍요롭게 살 수 있다고 생각합니다. 그래서 세상은 더 많이 차지하고, 열심히 모으고 지키라고 말합니다. 그런 사람이 복 있는 사람이라고 말합니다.

그런데 주님은 그 반대로 말씀하십니다. 주는 것이 받는 것보다 복이 있다고 하십니다. 조금만 더 깊이 생각해보면 주님의 말씀이 맞습니다.

수혈 받는 것이 기분 좋은 일일까요, 헌혈 하는 것이 기분 좋은 일일까요? 수술실에서 누군가로부터 피를 공급받지 못해 죽을 수밖에 없다면 얼마나 안타까운 일입니까? 반면에 누군가에게 피를 나눠줄 수 있는 사람은 건강의 복이 있는 것입니다. 줄 수 있다는 것이 복이라는 사실을 금방 알 수 있습니다.

저는 학생 시절에는 헌혈을 몇 번 한 적이 있습니다. 그런데 어느 날 헌혈을 하러 갔는데 안 된다는 말을 들어야 했습니다. 혈압약을 복용하고 있었기 때문입니다. 우리나라에 당뇨병 환자가 약 700만 명이나 된다고 하는데, 그 사람들 모두 헌혈을 할 수 없습니다. 받아주질 않습니다.

주고 싶어도 줄 것이 없고 도리어 남에게 빌리거나 도움을 받아야 할 상황에 처하게 되면, 주는 것이 받는 것보다 훨씬 더 복이 있다는 사실을 금방 알 텐데 우리는 가진 것을 나누기보다는 더 못 가져서 안달할 때가 많은 것 같습니다.

높은 가치의 삶을 살라

높은 가치의 삶은 내가 많이 가지면 가질수록 남들에게 유익이 되고, 덕이 되고, 도움을 줄 수 있는 것을 추구하는 것을 말합니다. 반면 낮은 가치는 어떻습니까? 낮은 가치의 삶을 추구하면 내가 많이 가짐으로써 남은 적게 갖거나, 누군가는 피해를 받게 됩니다. 자신은 유복해질 수 있으나 주위의 사람들은 그렇지 못합니다. 점점 궁핍해지는 삶을 살게 됩니다.

높은 가치에는 어떤 것들이 있습니까? 대표적으로 사랑을 들 수 있을 것입니다. 사랑은 내가 아무리 많이 가져도 남에게 피해를 주지 않습니다. 이해하는 마음, 용서하는 마음, 섬기는 마음도 마찬가지입니다. 충성, 인내, 온유, 절제, 오래 참음, 용서, 긍휼, 자비는 아무리 많이 가져도 남에게 피해를 주지 않습니다. 많이 가질수록 주위 사람들에게 덕이 됩니다.

높은 가치를 추구하는 사람들은 주는 것에 인색하지 않습니다. 아무리 나누어 주어도 손해 볼 것이 없기 때문입니다. 사랑을 주고, 용서를 하고, 이해를 하면 기쁨은 배가 되고 받는 사람 역시 행복해집니다.

반면에 낮은 가치에는 어떤 것들이 있을까요? 이 세상에 있는 재화, 권력, 명예 같은 것입니다. 그런 것들은 내가 많이 가지면 남들은 갖지 못합니다. 권력은 혼자 가질 때 독재가 되고, 재화는 혼자 가질 때 빈부의 격차를 만들어 낼 뿐입니다. 누군가의 삶에 어려움을 주게 되어 있습니다.

낮은 가치를 추구하는 사람들은 주는 것에 인색해질 수밖에 없습니다. 내가 많이 가지려고 하는 것을 주면 내가 가진 것이 적어지니까 불편한 마음이 생기는 것입니다. 힘이 약해지고 초라해지는 것 같아 나눠주고 베풀기가 너무 어렵습니다. 늘 더 크고 좋은 것을 찾게 되고, 어떻게 하면 조금이라도 더 많이 가질 수 있을지 고민하며 살아갑니다. 그런 삶에는 결코 참된 만족이 있을 수 없습니다.

높은 가치의 사람은 나누고 베풀고 섬기고 봉사하는 것에 삶의 가치를 두기 때문에 나누어 주는 것이 기쁨과 행복입니다. 보람을 갖습니다. 이것이 바로 그리스도인들이 살아야 할 성경적 삶입니다. 높은 가치의 삶을 달리 표현하자면 예수님을 닮은 삶이라고 할 수 있습니다.

주는 사람은 사랑이 많은 사람, 성숙한 사람, 품격 있는 사람, 인격이 고상한 사람, 예수님 닮은 사람이라는 소리를 들을 수 있습니다. 사랑을 나눠주면 사랑이 없어지는 것이 아니라 오히려 더 깊은 사랑을 소유하게 됩니다. 소망을 나누면 자신의 소망도 더 커지고, 다른 사람들도 함께 소망을 가질 수 있게 됩니다. 믿음을 나눠주면 영혼 구원의 기쁨을 얻게 되고, 더 풍요로운 영적 교제를 누릴 수 있게 됩니다. 은혜를 나눠주면 하나님을 더욱 깊이 알아가게 되고, 은혜 받은 이들도 그 은혜에 동참하게 됩니다. 기쁨도, 평안도 마찬가지입니다.

줄 것이 있을 때 줘야 합니다. 줄 것이 있을 때가 행복한 때입니다. 고통과 아픔 속에서 신음하고 있는 우리의 이웃들에게 도움의 손길을 펴십시오. 나누십시오. 대가 없이 베푸십시오. 더 큰 기쁨을 얻게 됨은 물론이고, 받는 이들도 어려움을 이겨낼 수 있는 힘을 얻게 될 것입니다.

기준을 바꾸면 행복해진다

　삶이 불행하다고 느끼는 이유는 기준을 잘못 잡았기 때문입니다. 기준을 바꾸면 세상 살기가 굉장히 쉽고 편해집니다. 제 아들이 아주 어릴 때 외국에 데려 갔었습니다. 아이가 한국에 다시 돌아왔을 때는 초등학교 2학년이었습니다. 그런데 한국에 와서도 한국말을 잘 안하려 하고 자꾸 영어만 하려고 했습니다.

받아쓰기를 하면, 10문제 가운데 잘 하면 두 개 맞고 거의 다 틀릴 때가 많았습니다. 심지어 수학도 잘 못했습니다. 초등학교 6학년 때까지 구구단도 잘 못 외웠습니다. 구구단을 외우라고 하면, "아빠 그걸 왜 외워야 해? 9를 세 번 더하면 27이 되는데, 왜 굳이 9 곱하기 3이 27이라는 것을 외워야 해?"라고 따졌습니다.

조금 천천히 풀면 된다고 오히려 저를 설득했습니다. 받아쓰기 10문제 중 2문제만 맞춰도 굉장히 기분 좋아했습니다. 늘 집에 와서 그렇게 말하곤 했습니다. "아빠 제가 국어는 못해도 영어는 우리 학교에서 제일 잘해요!"

제 아이를 보면서 느낀 게 많습니다. 공부 좀 못해도 괜찮다고 봅니다. 어른들 보면 인사 잘하고, 길에 휴지 조각 떨어진 것이 보이면 주워서 버릴 줄 아는 아이로 자라는 것이 훨씬 더 중요한 일이라고 생각합니다. 세상적 기준에 아이를 맞추려 하지 말고, 말씀에 삶의 기준과 우선순위를 둔 사람으로 자랄 수 있도록 양육하길 바랍니다.

그러면 부모도, 아이들도 행복해질 수 있습니다. 성적을 아이의 미래를 판가름 하는 기준으로 삼지 말고, 아이가 진짜 잘하고 좋아하는 것이 무엇인지 함께 고민해 주시길 바랍니다. 기준을 바꾸십시오. 그때 참 행복이 옵니다. 부족한 것에 대한 불평보다 자신에게 주어진 형편 속에서도 감사하며 베풀고 나누는 삶을 살 수 있습니다.

적게 드려도 많이 주신다

어느 폭풍우가 휘몰아치는 밤이었습니다. 한 연세 많으신 어르신 부부가 여관 문을 밀고 들어왔습니다. 그 지역에 있는 호텔과 여관들을 다 찾아다녔지만, 묵을 수 있는 방이 하나도 남아있지 않았습니다. 그러나 안타깝게도 그 여관에도 묵을 수 있는 방은 없었습니다.

카운터에 있던 청년 종업원이 이야기합니다.
"손님 참 죄송합니다. 우리 여관에도 빈 방이 없습니다. 다른 곳에도 빈 방이 없을 텐데, 괜찮으시면 제가 사용하고 있는 방이라도 쓰시겠습니까?"

노부부는 청년 종업원의 제의를 받아들여 청년의 방에서 하룻밤을 묵었습니다. 그리고 다음날 아침 방값을 치르기 위해 찾아갔습니다. 청년은 누추한 방에서 주무셨는데 무슨 돈을 내냐고 괜찮다고 말하며 돈 받기를 사양했습니다. 노부부는 고맙다는 인사와 함께 당신 같은 사람은 정말 큰 호텔을 가져야 할 사람이라고 인사를 건네고 떠났습니다.

그로부터 2년 후에 청년 종업원은 한 통의 편지를 받았습니다. 뉴욕행 왕복비행기 티켓과 함께 어디로 오라는 초청장이었습니다. 그 청년이 뉴욕으로 찾아가자 2년 전에 만났던 노부부가 그를 맞아 주었습니다. 그리고 청년을 데리고 뉴욕 5번가 34번지로 향했습니다. 그곳에는 높은 빌딩이 한 채 서 있었습니다.

어르신이 청년에게 이야기합니다.
"이 빌딩은 내가 자네에게 주는 호텔일세, 잘 운영해 보시게."

청년은 땅에 꼿꼿이 서버리고 말았습니다. 그에게 은혜를 베푼 사람은 그 당시 유명한 갑부 '윌리엄 알도 아스토리아'였습니다. 자기 이름을 따서 '아스토리아'라는 호텔을 짓고, 그 호텔을 젊은 청년에게 주었던 것입니다.

신앙생활도 그와 같습니다. 작은 것을 드려도 하나님은 우리가 감당할 수 없을 만큼 큰 복을 주십니다. 하늘나라에는 많은 맨션이 있답니다. 나누고 베풀고 섬기는 일을 많이 한 사람들이 그 맨션의 주인이 된다고 합니다. 내가 가진 것을 기쁨과 즐거움으로 나누고 베풀며 살아가기를 바랍니다.

나누고 베푸는 삶을 살라

> "토지를 영영히 팔지 말 것은 토지는 다 내 것임이라 너희는 나그네요 우거하는 자로서 나와 함께 있느니라" (레위기 25:23)

성경에 땅은 팔면 안 된다고 기록되어 있습니다. 최근 토지 공개념화에 대해 많은 이야기들이 있습니다. 사회주의를 하려고 하느냐고 정부를 비판하는 분들도 많습니다. 그런데 사실 토지 공개념은 성경에서 온 것입니다.

다보스 포럼에 대해 들어보셨습니까? 스위스에 있는 다보스라는 조그마한 도시에서 모이기 때문에 붙여진 이름인데, 원래는 '월드 이코노믹 포럼'입니다. 작년 다보스 포럼의 주제가 소통과 책임의 리더십이었습니다. 여기서 발표된 내용에 의하면, 근 십년 동안 지구촌의 가장 큰 위험 요소가 경제적 불평등, 사회적 양극화라고 합니다. 또한 환경의 위험이 아주 크게 증대될 것이라고도 전망했습니다.

국제 구호단체 '옥스팜'에 의하면, 1988년부터 2011년까지 23년 동안 세계에서 경제력 최하위 10% 사람들의 재산증가액이 연간 3,300원이라고 합니다. 반면에 최상위 10% 부자들은 매년 약 1,400만 원씩 소득이 증가했다고 합니다. 쉽게 말하면 부익부 빈익빈 현상이 더 심해졌다는 것입니다.

세계에서 가장 큰 부를 누리는 세계 10대 기업, 가령 아마존이나 구글, 그리고 페이스북 같은 기업들은 거의 다 신생기업들입니다. 아마존은 제프 베조스에 의해 1994년에 세워졌습니다. 세워진지 얼마 되지 않았는데 지금 세계 1, 2위를 다투는 기업이 되었습니다. 아마존의 제프 베조스뿐만 아니라 대부분의 세계적인 부자들은 거의 다 당대에 부를 이뤘습니다.

그런데 대한민국의 10대 부자들은 거의 세습 부자입니다. 세습 부자라는 말은 부를 물려받아서 부자가 된 사람들을 말합니다. 주로 부동산을 많이 물려받았습니다. 기술을 물려받아 그 기술을 더욱 발전시켜 더 많은 사람들에게 유익을 주며 돈을 번 것이 아닙니다.

회사가 평당 10원, 20원에 주고 산 땅이 지금 평당 천만 원이 되었습니다. 그래서 큰 부를 갖게 된 것입니다. 그런데 이렇게 증가한 부를 모든 사람들이 나누어 가질 수 있도록 해야 된다는 것이 토지 공개념화입니다. 성경적 사상에서 온 개념이라 할 수 있습니다.

땅을 몇 평씩 나누어 주라는 게 아닙니다. 땅으로 인해서 불로소득이 생겼다면, 그 소득을 다른 사람들과 나눠야 한다는 것입니다. 자기 혼자 모든 이익을 다 취하는 것이 아니라, 이웃과 함께 누려야 한다는 것입니다. 한 평이라도 토지를 더 늘려서 더 많은 소유를 취하려 하기 때문에 불안한 삶을 살게 되는 것입니다.

주고 나눈 것만 남는다

"예수께서 길에 나가실쌔 한 사람이 달려와서 꿇어 앉아 묻자오되 선한 선생님이여 내가 무엇을 하여야 영생을 얻으리이까" (마가복음 10:17)

어느 날 한 사람이 예수님께 찾아와 영생을 얻는 방법을 여쭸습니다. 예수님은 계명을 지켜야 한다고 말씀하셨습니다. 그러자 이 사람은 어려서부터 모든 계명을 다 지켰다고 했습니다. 그때 예수님께서 뭐라고 하십니까?

"예수께서 그를 보시고 사랑하사 가라사대 네게 오히려 한 가지 부족한 것이 있으니 가서 네 있는 것을 다 팔아 가난한 자들을 주라 그리하면

하늘에서 보화가 네게 있으리라 그리고 와서 나를 좇으라 하시니" (마가복음 10:21)

주님은 가진 것을 팔아 가난한 자들에게 나눠주고 따라오라고 하셨습니다. 그러자 그 사람은 재물이 많아 슬픈 기색을 띠고 근심하며 갔습니다. 주는 삶을 살지 못하면 결코 주님을 따를 수 없습니다.

성경은 계속해서 우리에게 나누고 베풀고 주는 삶을 살라고 말씀합니다. 반면에 세상은 모으고 가지고 지키라고 말합니다. 주님은 우리가 나누고 베풀고 주는 삶을 살아갈 때 누르고 흔들어 넘치도록 채워준다고 약속하십니다.

계속해서 자신의 소유만 늘려가는 것은 그리스도인의 삶이 아닙니다. 늘어난 소득을 어떻게 나누고 베풀까를 고민하며 실천하는 사람이 그리스도인입니다.

성경은 많이 가진 다음에 나누어 주라고 하지 않으십니다. 지금 가진 소유로도 충분히 나누고 베푸는 삶을 살 수 있다고 하십니다. 5천 원이 있으면 그것으로 나누면 되고, 만 원이 있으면 그것으로 나누면 되는 것입니다. 그것이면 충분하다고 하십니다.

"예수께서 가라사대 네가 온전하고자 할진대 가서 네 소유를 팔아 가난한 자들에게 주라 그리하면 하늘에서 보화가 네게 있으리라 그리고 와서 나를 따르라 하시니" (마태복음 19:21)

굉장히 중요한 말씀입니다. 내가 가지고 있는 것을 나누어 주어야 하늘나라에 보화가 있다는 것입니다. 우리는 빈손으로 왔습니다. 갈 때도 빈손으로 갑니다. 얼마나 많이 모아두고 가느냐가 하나님 앞에선 아무런 의미가 없습니다.

주님께서는 우리가 이 땅을 살아가는 동안에 다른 사람을 위해 쓴 것, 나누고 베푼 것만 인정받습니다. 더 많이 가지려고 노력하기보다 내가 가지고 있는 것에 만족하며, 더 많이 나누는 삶을 살게 되기를 바랍니다.

> "주라 그리하면 너희에게 줄 것이니 곧 후히 되어 누르고 흔들어 넘치도록 하여 너희에게 안겨 주리라 너희의 헤아리는 그 헤아림으로 너희도 헤아림을 도로 받을 것이니라" (누가복음 6:38)

주님은 '주라 그리하면 누르고 흔들어 넘치도록 너희에게 안겨 주신다'고 약속하십니다. 우리가 가지고 있는 것을 조금씩만 나눠도 세상은 얼마든지 행복해 질 수 있습니다.

주위에 이름도 없이 빛도 없이 나눔의 손길을 베푸는 분들을 많이 봅니다. 많은 것을 나누어서가 아니라 어려운 형편 중에도 나누는 삶을 실천하는 것을 보면, '야~ 저 분은 정말 그리스도인이야. 저 분이야말로 참 하나님의 사람이야!' 그런 생각이 듭니다.

성경은 우리에게 이렇게 말씀합니다. "주라. 그리하면 누르고 흔들어 넘치도록 채워 주리라." 내가 가진 힘도 나누고, 시간도 드리고, 물질도 나누면 하나님께서 우리를 통해 더 아름다운 세상을 만들어 주실 것입니다. 우리의 삶도 더욱 풍요롭게 해주실 것입니다.

| 받기보다 주며 사는 세상'에 대해 생각해보기

01. 소중한 것을 나누고 베푼 적이 있습니까, 그때 어떤 마음이 들었습니까?

02. 낮은 가치와 높은 가치를 추구하는 사람의 삶의 모습은 어떻게 다릅니까?

03. 예수님이 우리에게 요구하시는 구체적인 삶의 모습은 무엇입니까?

04. 세상에서 나누는 삶을 살기 위해 내가 구체적으로 해야 할 일은 무엇입니까?

■ 암송구절 – 마태복음 19:21